シリーズ「遺跡を学ぶ」161

石製模造品による葬送と祭祀

正直古墳群

佐久間正明

新泉社

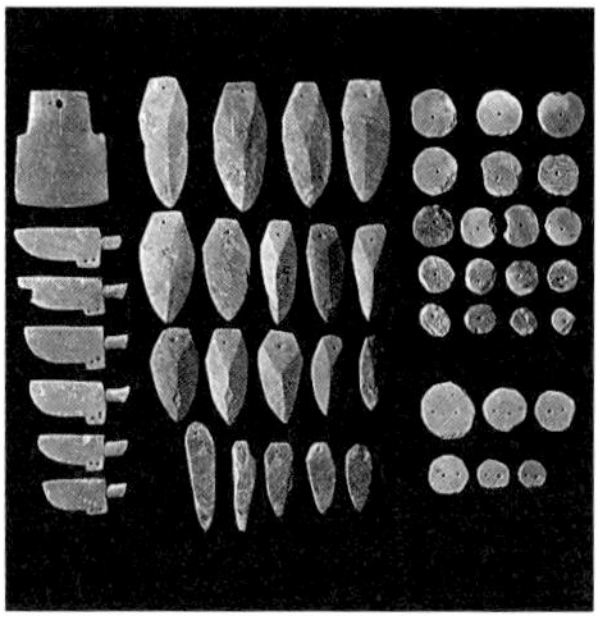

石製模造品による葬送と祭祀
―正直古墳群―

佐久間正明

【目次】

装　幀　新谷雅宣
本文図版　松澤利絵

第1章　真っ赤に塗られた石棺

1　正直二七号墳

偶然発見された石棺

一九七〇年の年の瀬も押し迫った一二月、ブルドーザーが開墾を目的として林の中で掘削をはじめると、箱形に構築された凝灰岩の石組が顔を出した。当初、内部が真っ赤だったので炭《すみ》窯《がま》かと思われたものの、炭窯とは明らかに異なる構造のため掘削は止められ、地権者から郡山市の文化財担当者に連絡が入った。そこは、福島県郡山市南東部の田村町正直《しょうじき》にある、正直古墳群の二七号墳として登録されている場所だった。

現地へ向かった担当者が目にしたものは、内部が真っ赤に塗られた箱式石棺であった（図1）。ただちに工事は止められ、緊急調査がおこなわれることになった。

図１ ● 正直27号墳南箱式石棺（東より）
石棺の内側は真っ赤に塗られている。床一面に礫が敷かれ、その下に
20〜30 cmほどの扁平な河原石が敷き詰められている。

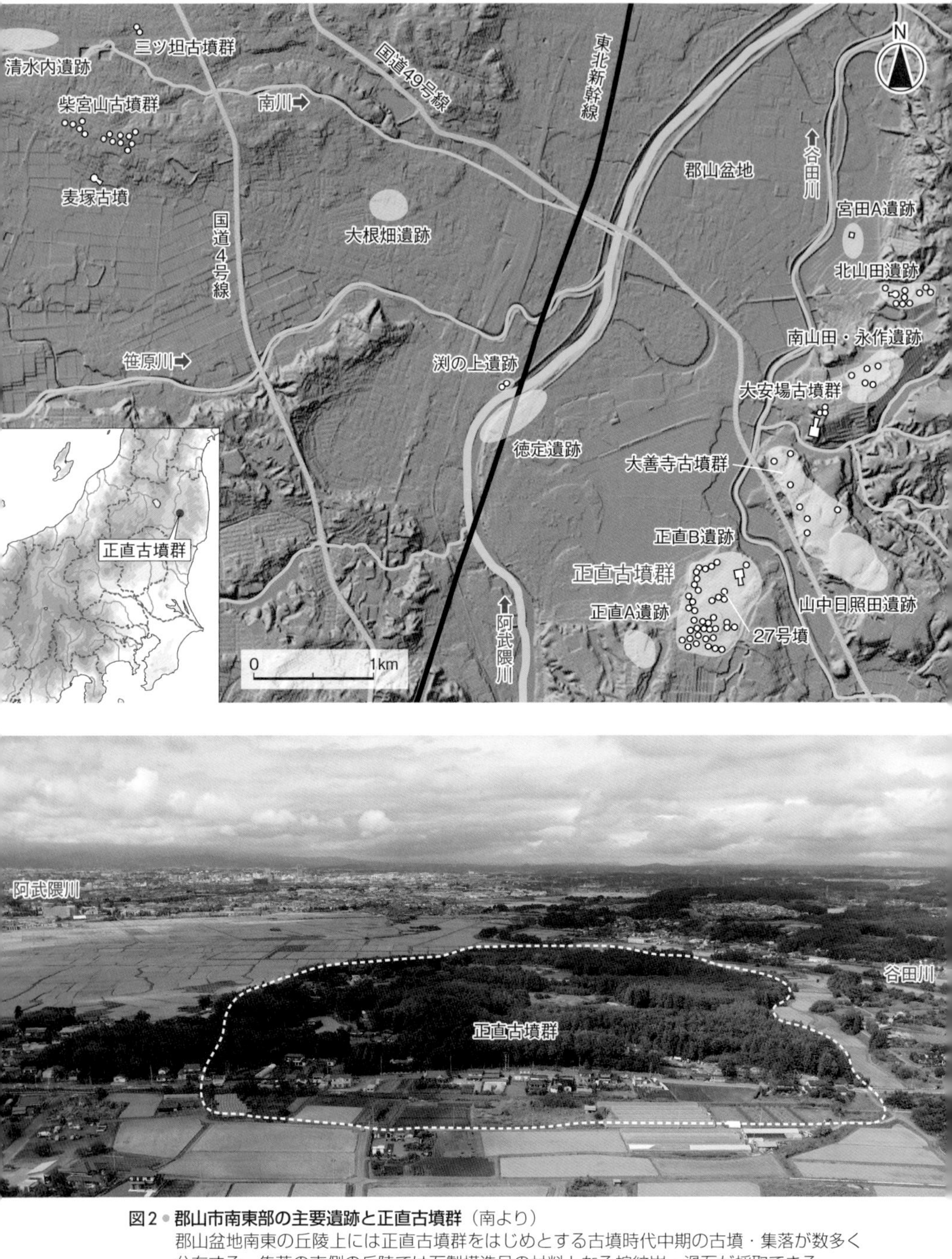

図2 ● 郡山市南東部の主要遺跡と正直古墳群（南より）
郡山盆地南東の丘陵上には正直古墳群をはじめとする古墳時代中期の古墳・集落が数多く分布する。集落の東側の丘陵では石製模造品の材料となる蛇紋岩・滑石が採取できる。

古墳時代中期の円墳

郡山市の南東部には阿武隈川《あぶくまがわ》とその支流の谷田川《やたがわ》により形成された沖積地が広がり（図2）、両河川にはさまれて南からのびる丘陵の突端に正直古墳群はある。現在まで四三基の古墳が確認されているが、往時には五〇基以上の古墳が存在していたと考えられる。

緊急調査によって、二七号墳の墳丘は直径二六メートル、高さ二メートルの円墳で、幅二メートル、深さ一メートルの周溝が確認された（図3）。一二月一六日から二一日という短期間の調査であったため、墳丘構築方法の解明には至らなかった。

発見された石棺は二つ、南北に並列するようにみつかり、それぞれ「南箱式石棺」と「北箱式石棺」とされた。

調査の際に担当者が最初に受けた印象は、「鏡などがなく、簡素な東北を感じさせる遺物だけ」というものだった。しかし、調査が進むにつれ、東北地方における古墳時代中期（五世紀ごろ）の古墳では他に類をみないほどの質と量を誇る副葬品がおさめられていたことが明らかとなった。さらに、その後の研究の進展にともない、古墳時代中期におけるこの古墳の位置づけが少しずつ明らかとなるにつれ、「簡素な」という印象は再考を余儀なくされていくこととなったのである。

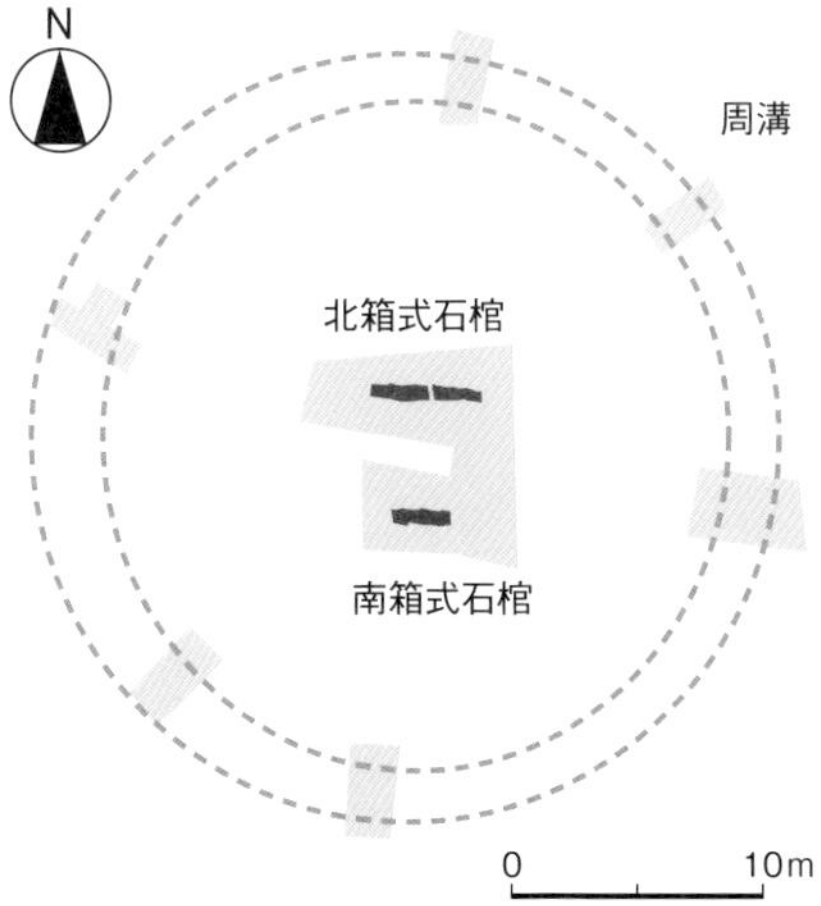

図3 ● 正直27号墳の墳丘と遺構（緑部は調査区）

2　開かれた南箱式石棺

崩落した蓋石

墳丘中央から南寄りに位置する南箱式石棺（図4）の東側半分では、遺体を埋葬したあとのいずれかの時点で蓋石の一部が割れて崩落したため、蓋石とともに土砂が流入して埋もれていた。担当者が現地に到着したとき、棺の底に敷き詰められた小礫や多量の石製模造品は、この土砂とともにすでにとり上げられ、残念ながら遺物の出土状況は不明であった。石製模造品とは、滑石あるいは蛇紋岩とよばれる軟質の石材から、農工具（刀子、斧、鎌）・武器・武具・容器などさまざまな器物をかたどってつくられているもので、祭祀に使用されたものと考えられている。西側はわずかに蓋石が残っていたため、遺物は元の位置を保った状態で残されていた。

この南箱式石棺は、板石を横長に立て並べて側壁を構築し、蓋石でおおっていた（図1・5）。石棺の南北両側壁上に扁平な石を据え、石棺中央部に扁平な石を蓋とし

図4●正直27号墳の埋葬施設（東より）
南箱式石棺（左）は蓋石が石棺内に崩落していた。北箱式石棺は蓋石の長軸が4.8mにもなる大きなものであった。

てのせている。石棺の規模は、内側中央部で二五九×四九センチ、床面からの高さは五五センチである。石棺に使用された石は、加工しやすい安山岩質溶結凝灰岩である。床面は礫敷で、遺物をとり上げたあとに礫を掘り下げると、扁平な河原石が敷き詰められていた。

この南箱式石棺には人骨が残っていなかった。日本の土壌は酸性土のため、流入した土砂に埋もれた人骨は残らなかった可能性が高い。

なお、石棺の短辺は若干東側の幅が広いこと、石製模造品は東側から多数出土していること、つづいて調査された北箱式石棺の状況などから、頭を東に向けて埋葬されたと考えられる。

南箱式石棺の副葬品

刃先を中央に向けた鉄鏃　土砂の流入が少ない西側では中央近くに遺物はなかったが、西壁（被葬者の足側）近くになると遺物が出土しはじめた。南壁と平行になるように刀子《とうす》が置かれ、南西隅から中央に刃先を向けた鉄《てっ》斧《ぷ》が顔をのぞかせた。さらに隅に近い場所から先端を中央に向けた鉄鏃《てつぞく》が出土し、反対側の北西隅からも、同じように中央に刃先を向けた鉄鏃が副葬されていた。鉄鏃

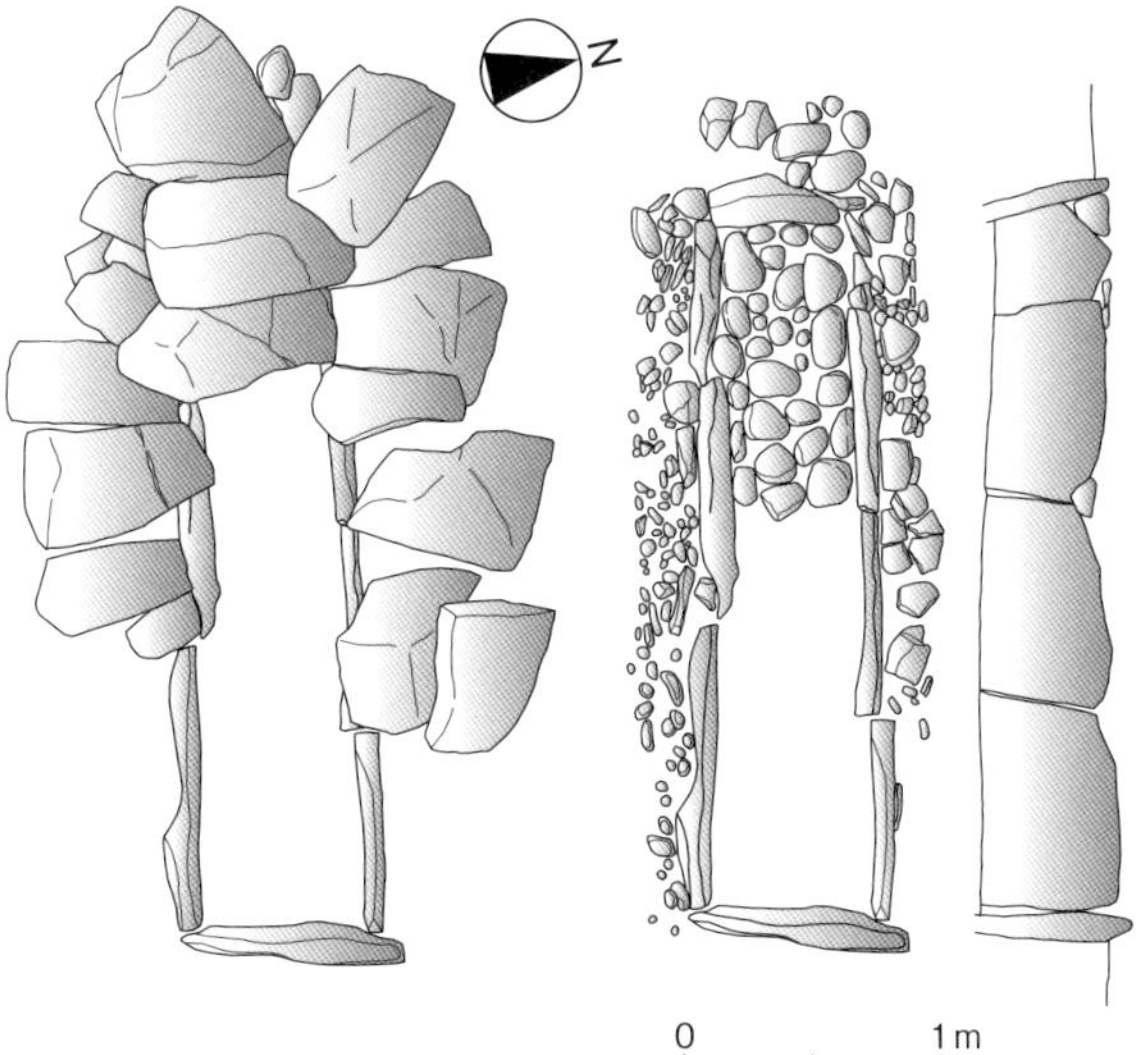

図5 ● 南箱式石棺

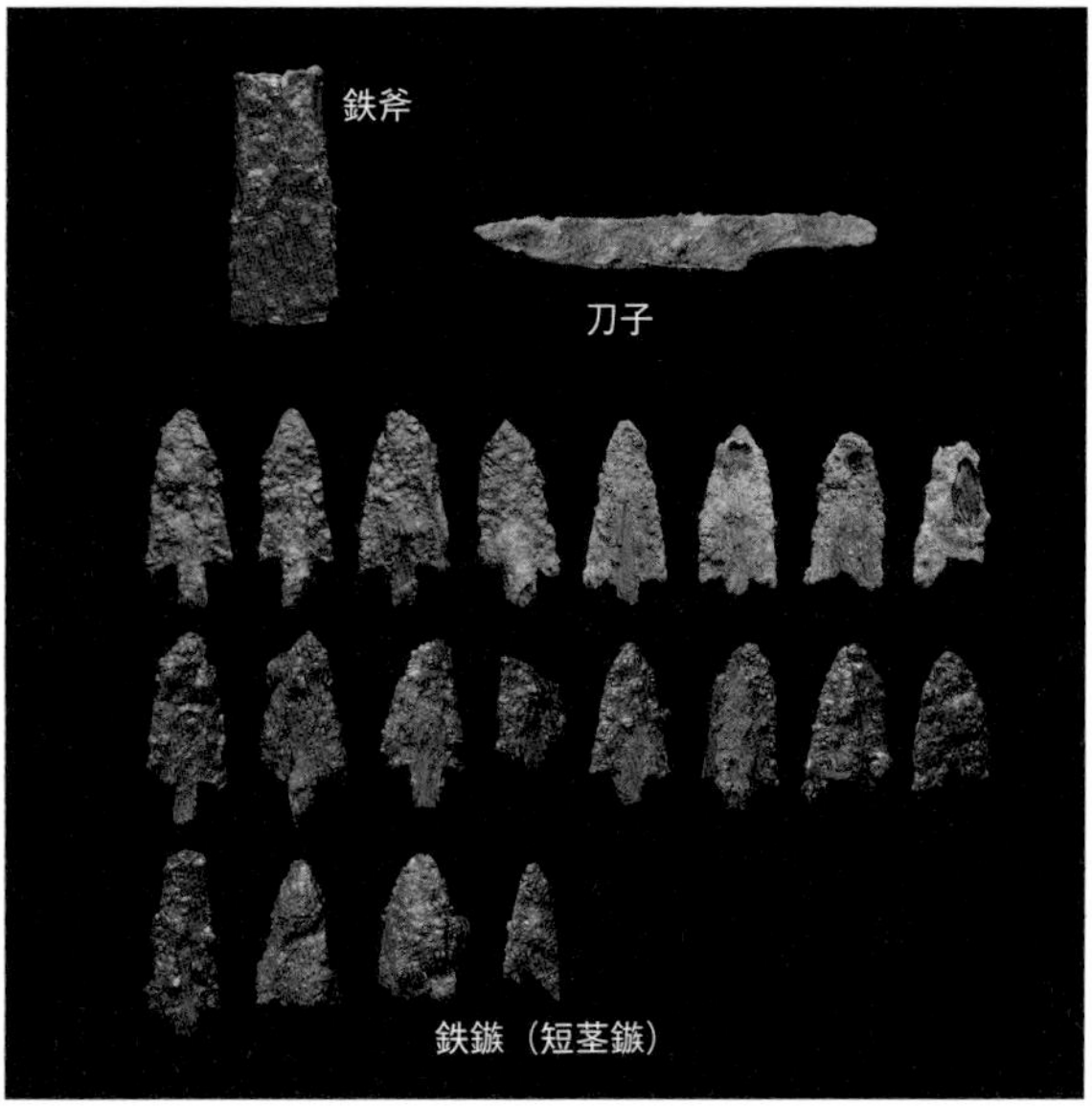

図6 ● 南箱式石棺遺物出土状態（上）**と出土した鉄斧・刀子・鉄鏃**（下）
鉄鏃と鉄斧および有孔円板は、石棺西端から出土した。西壁の南北両隅から10本ずつ出土した鉄鏃は、鉄斧とともに刃を中央に向けた状態で確認された。

の数は北西隅・南西隅それぞれ一〇点である。出土位置からみても矢柄《やがら》が接続していたとは考えられず、鏃身部《ぞくしんぶ》のみが先端を中央の被葬者に向けるように方向をそろえて副葬されていたことになる（図6）。

石製模造品　石棺の西端から有孔円板（鏡の模造品）が三点出土したが、とり出された土砂を選別すると、小礫にまじって石製模造品が多数含まれていることがわかった。その数は、刀子形六点、斧形一点、剣形一九点、有孔円板二四点である（図7）。

古墳時代の刀子は、革製あるいは木製の鞘と鉄製刀子からなる。鞘は、革を重ね合わせた端の部分に貫通孔をうがち革紐で綴じ合わせ、方形突出部につり下げるための革紐をとり付ける。刀子本体は木製あるいは鹿角製の把《つか》に鉄製の刃を差し込む。こうした刀子を石でかたどったものが、刀子形石製模造品であ

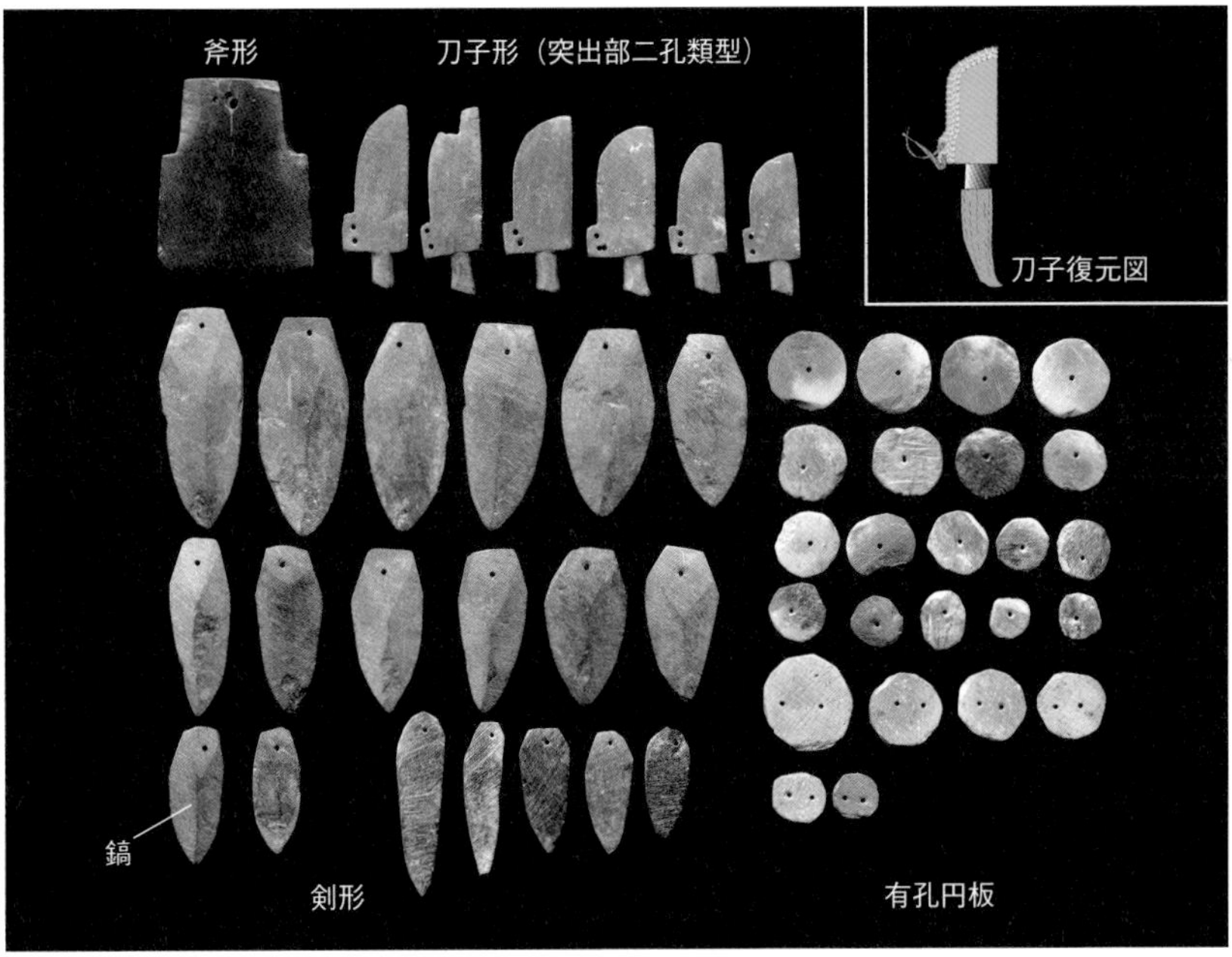

図7 ● 石製模造品
刀子形は、鞘に装着された状態をかたどり、突出部に革紐をつけるための孔が二つうがたれている。剣形の大半は、両面に鎬（しのぎ）が表現された精巧なつくりのもの。

る。二七号墳の刀子形は、石材が緑色を帯びた青色で、いずれもきわめて似ているため、同一母岩からつくりだされたと考えられる。

斧形は非常にていねいな整形で、袋部は中央に両面から穿孔された大きめの貫通孔と、片面から袋部に貫通する小さめの穿孔がみられる。この片面の中央には、縦に線刻状の痕跡がみられ、鉄の板を折り曲げた際に生じる袋部の合わせ目を表現した可能性がある。器面には両面ともに非常に弱い工具痕が観察される。光沢があり、きわめて平滑に仕上げられている。

剣形は鉄剣をかたどったもので、基部に紐を通すための貫通孔がみられる。二七号墳の剣形の大半は、両面に鎬《しのぎ》を表現し、断面形が菱形となる精巧なつくりである。

有孔円板は鏡を原型とし、円形の中央部に紐通し孔を表現した貫通孔がみられる。この孔の数から、単孔と双孔とに大別される。

古墳から出土する石製模造品は、刀子形＋斧形＋鎌形を基本セットとする。これに対し祭祀遺構では剣形＋有孔円板＋勾玉のセットが基本となる。そして、古墳に副葬される石製模造品の編年は、剣形と有孔円板を含む組成は比較的新しいとされている。また、個別の形態に着目すると、中位に鎬のある剣形は、型式学的に古いとされている。

南箱式石棺の石製模造品は、組成の面では新しい要素がみられるものの、剣形は大半が両面に鎬を有する古い形態に属しているなど、新旧両方の要素が混在している。このことが年代の把握をむずかしくしており、正直二七号墳の年代を確定するためには石製模造品の詳細な分析が必要であった。

3　未開封の北箱式石棺

長大な北箱式石棺

北箱式石棺は未開封だったので、まず石棺の全容を確認するために、東から蓋石を調べた（図8）。蓋石は最大二メートルにもなる板石を何枚も用い、その長軸は四・八メートルにもおよび、一般的な箱式石棺の蓋にくらべ長大であった。蓋石を移動させていくと、中央部で板石により仕切られていた（図9）。そこでこの仕切り石の西側を「西側埋葬施設」、東側を「東側埋葬施設」とした。石棺の全長は四・五二メートルである。

石棺の側壁は板石を縦長に立て並べられていた。先に調査した南箱式石棺の側壁は横長に板石を用いており、明らかに異なる構造である。石棺内部は全面が真っ赤に塗られていた。板石の隙間は粘土で目張りされ、その目張り粘土までていねいに赤彩されている。両埋葬施設ともに土砂の流入はなく、遺物の遺存状態は良好であった。

なお、石棺に使用された石は、南箱式石棺と同じ安山岩質溶結凝灰岩であった。

この北箱式石棺では、南箱式石棺と異なり人骨が残っていた。蓋石をとり上げた際に目にしたのは、全身が茶色い毛でおおわれた人の形をしたような物体であった。人骨は植物による侵蝕がはげしく、内部の海綿質だけでなく骨表面のかたい緻密質まで植物の根によって侵蝕され、骨全体が根に包まれるようになっていたのである。

東側埋葬施設

東側埋葬施設は、内側中央部で二〇八×四五センチ、短辺は若干東側の幅が広い。北壁は六枚の板石からなり、床面には礫が敷き詰められ、人骨が一体確認された（人骨a）。頭を東に向けて、中央からやや東寄りで体はあおむけに、頭部・腰骨・脛骨などが草根状のものでおおわれていた（**図10**）。

頭蓋骨周辺から石製模造品の剣形二三点、有孔円板一四点が出土し、これらにまじって滑石製臼玉《うすだま》七八三点、ガラス小玉七点が確認された。また、頭を囲むように竪櫛が歯を頭に向けて四点出土した。竪櫛の本体は残っていなかったが、櫛に塗られた漆が膜として残っていたのである。顔をやや北（右）に向けた状態であった。人骨に付着した赤色顔料の様子などから、その状態で埋葬されたと思われる。

直刀が人骨の南側で刃を壁に向け、人骨に並行になるように副葬されていた。発見当初は木質の痕跡も確認され、鞘に納められていたことがわかる。また、有

図8 ● 北箱式石棺（西より）
蓋石の全容が明らかになった状態。蓋石の長軸は4.8mの長大な石棺。

袋鉄斧が北側で刃部を西に向け、同じように人骨に並行になるように副葬されていた。

西側埋葬施設

西側埋葬施設は、内側中央部で二三五×五一センチ、北壁は七枚の板石からなり、床面には東側埋葬施設と同様に礫が敷き詰められていた。南側に一体（人骨b）、北側に一体（人骨c）が、どちらも頭を東に向けて葬られていた（**図11**）。人骨bは保存状態がよく、

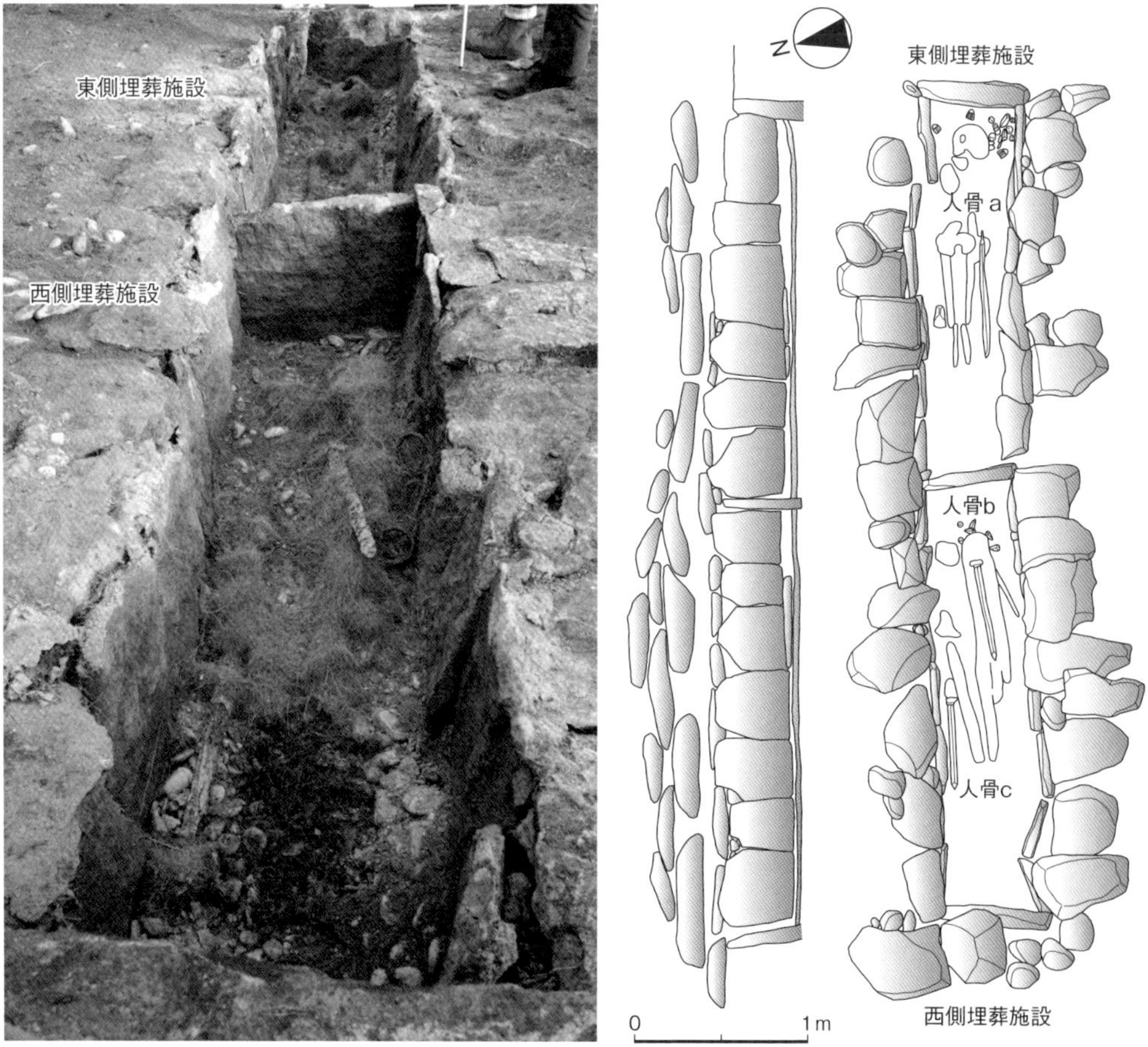

図9 ● 北箱式石棺（西より）
中央部で仕切られた二つの石棺の内部は、真っ赤に塗られていた。人骨は草根におおわれているものの、元の位置を保ち、周囲からは多数の遺物が出土した。

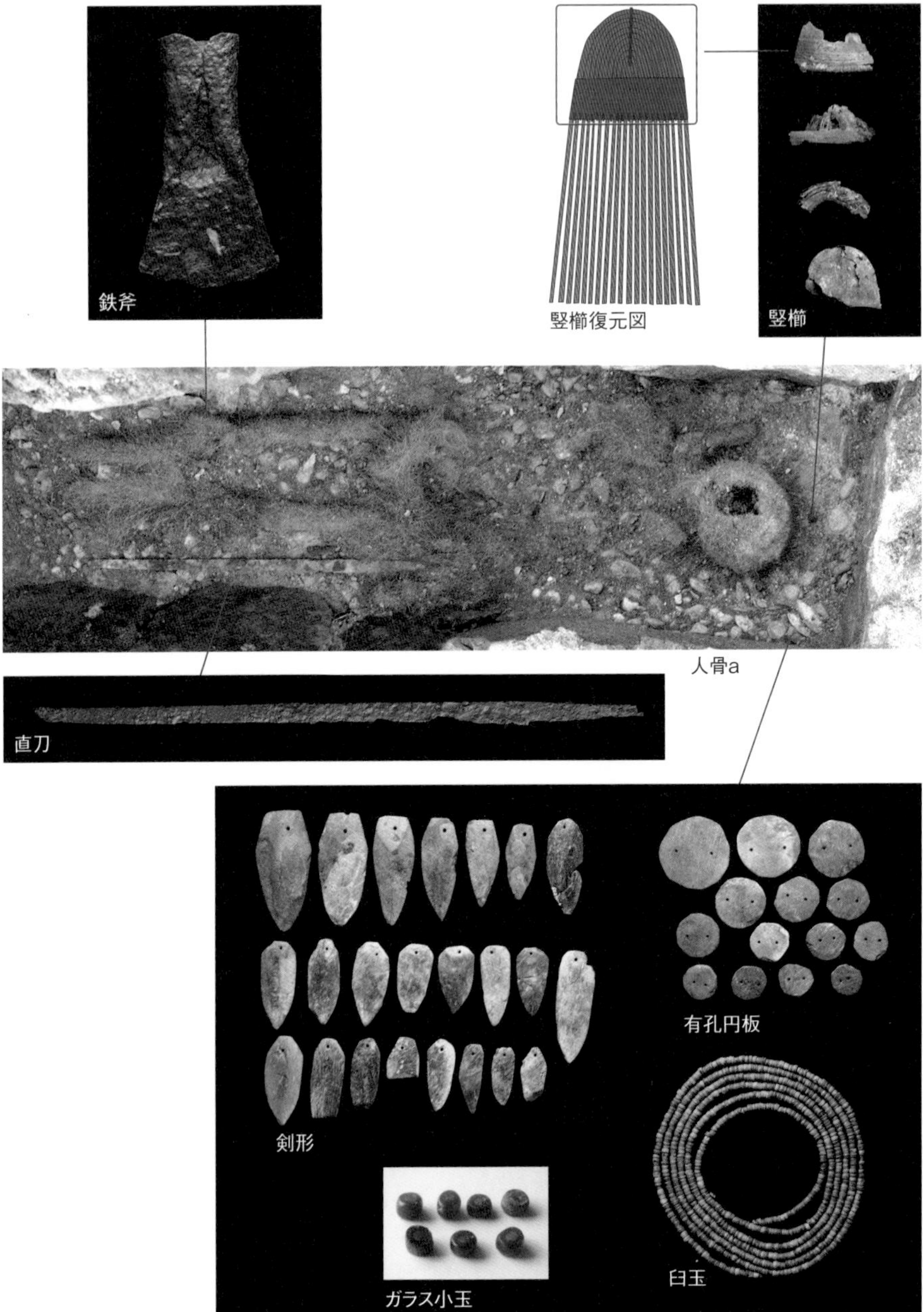

図10 ● 東側埋葬施設の遺物出土状態
人骨aの頭部付近から石製模造品、臼玉、ガラス小玉が出土した。竪櫛は歯を頭に向け、直刀と鉄斧は人骨と石棺側壁の間からみつかった。

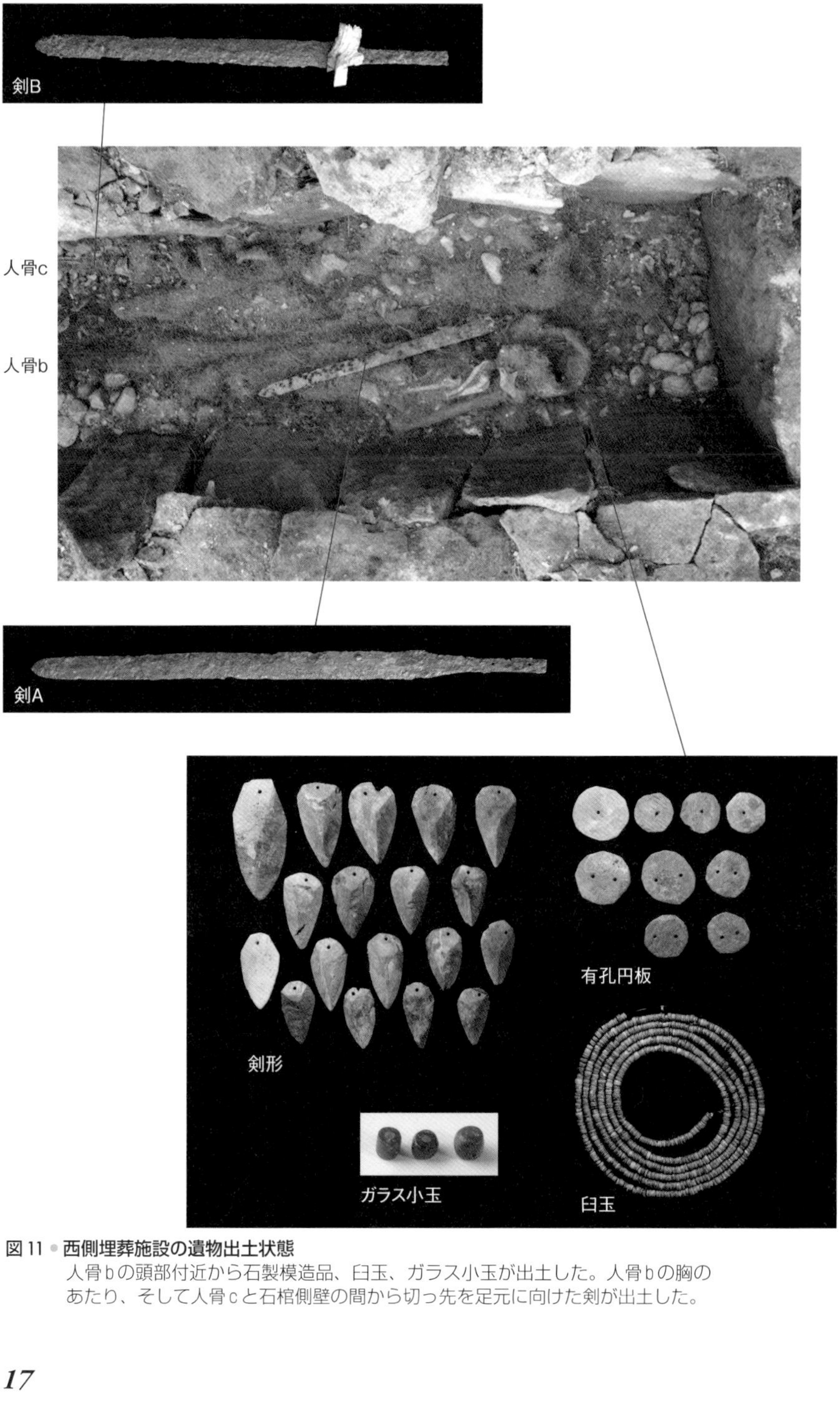

図 11 ● 西側埋葬施設の遺物出土状態
人骨 b の頭部付近から石製模造品、臼玉、ガラス小玉が出土した。人骨 b の胸のあたり、そして人骨 c と石棺側壁の間から切っ先を足元に向けた剣が出土した。

ほぼ全身の骨が残っていたが、人骨cは保存状態がやや悪かった。

西側埋葬施設では、仕切り石から二五センチ離れた人骨bの頭部と思われる付近から石製模造品がまとまって出土した。剣形一八点、有孔円板九点である。それにまじって滑石製臼玉六七三点、ガラス小玉三点が出土している。これは人骨bにともなうもののようである。また、人骨bの上には抱くようなかたちに置かれた鹿角装剣が一点、先端を西側（足先）に向け出土している（剣A）。

北壁付近でも足のほうに先端を向けて鹿角装剣が出土している（剣B）。これは人骨cにともなうもので、人骨と側壁のわずかな隙間から出土した。西側埋葬施設からは、これら鉄剣二点にともなう鹿角製刀剣装具があわせて九点出土して

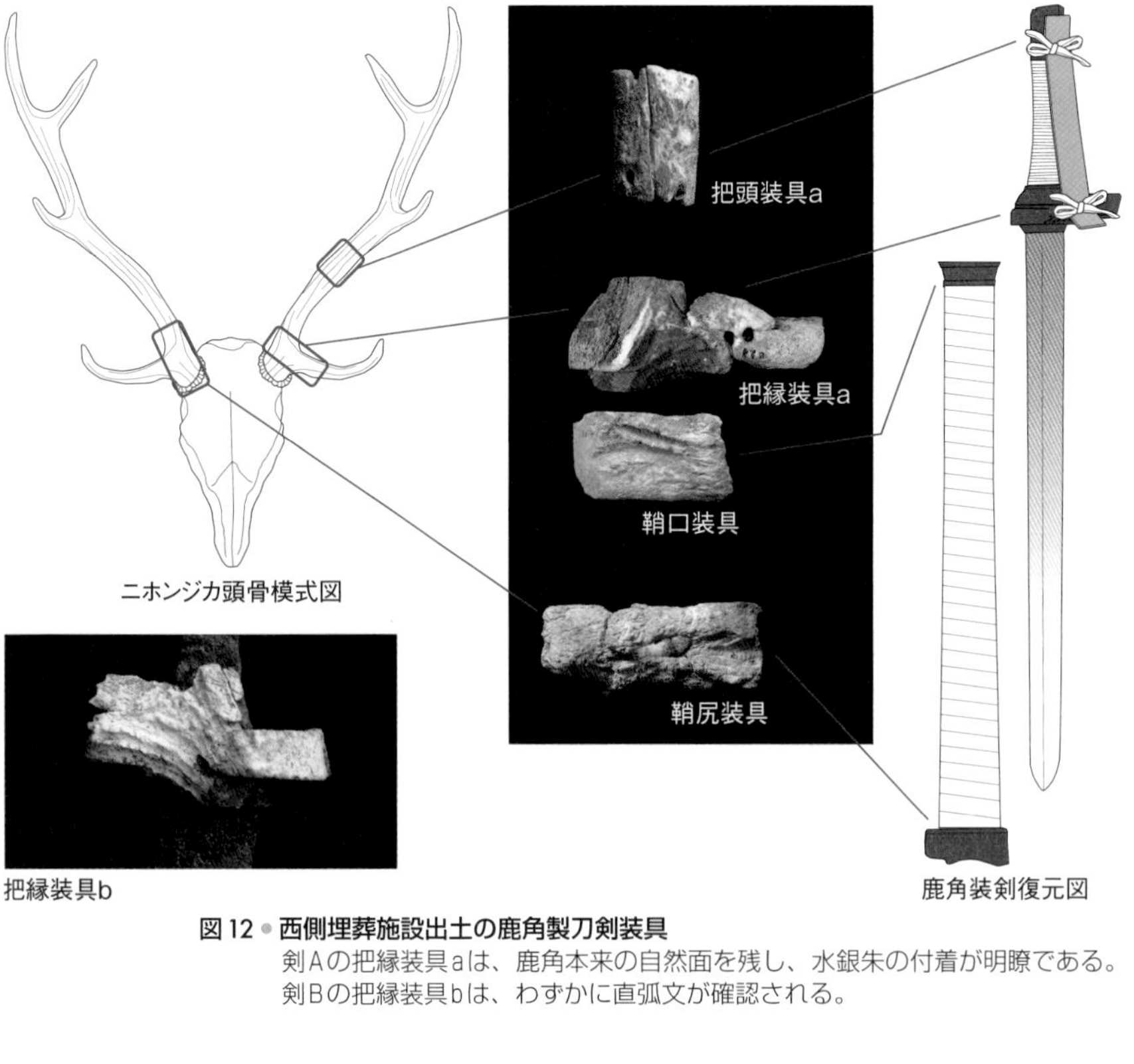

図12 ● 西側埋葬施設出土の鹿角製刀剣装具
剣Aの把縁装具aは、鹿角本来の自然面を残し、水銀朱の付着が明瞭である。
剣Bの把縁装具bは、わずかに直弧文が確認される。

いる。二点出土した把縁装具のうち、剣Aの特徴的な把縁装具aは、把縁装具と把縁突起を一体でつくり出す形態のもので、直弧文などの文様はなく、鹿角本来の自然面を残している（図12）。

把縁装具aの表面には赤色顔料が明瞭に観察されたので、蛍光X線分析をおこなったところ、水銀を多く含み、水銀朱であることが判明した。把頭装具aの切れ込み部分や鞘口装具にも赤色顔料がみられることから、装具は本来赤く塗られていたと考えられる。この鹿角装具の年代については、二七ページでくわしく述べよう。

特異な埋葬施設

南箱式石棺は長軸二五九センチで一人の人物を埋葬するには大きい。さらに北箱式石棺は四五二センチという東北地方では最大規模の長大な石棺で、仕切りをもつ特異な構造といえる。そして並列する二棺は、石材の使い方にも相違がみられる。

この特異な埋葬施設の起源を探るうえで重要な事例が群馬県にある。伊勢崎市の達磨山《だるまやま》古墳は直径三五メートルの円墳で三基の埋葬施設があり、このうち二基の石室は一・九メートルの間隔をおいて平行に構築されている。A号石室は三九〇×八〇センチ、側壁の石材は横長に利用している。B号石室は二八〇×五五センチで側壁は縦に石材を埋め込んでいる。大型であるため「箱式石棺状竪穴式石室」とよばれている。

正直二七号墳と達磨山古墳の埋葬施設は、通常の箱式石棺に比較し長大で、大きな蓋石を石棺の短軸方向に並べている点なども同じである。そしてほぼ同時期と考えられる二基の埋葬施設が並列する点も同様である。さらに両者の側壁の石材利用方法をみると、二基の埋葬施設のうち一基は横に利用され別の一基は縦に利用される点など、多くの共通性を指摘できる。

4 葬られたのは誰か？

一九八七年に、郡山市歴史資料館のリニューアルに合わせて、正直二七号墳の石棺の復元模型を製作する計画がもち上がった。そこで当時、発掘調査で出土した骨の分析を多く手がけていた獨協医科大学第一解剖学教室に人骨のクリーニングと分析を依頼することになった。その際の報告などを参考に人骨の特徴をみていこう。なお、先にも述べたように人骨は植物に侵蝕されて骨質はなく、植物の根が入り込んだことによって、かろうじて形をとどめている部分が多い。

東側埋葬施設の人骨a

東側埋葬施設の被葬者は、頭蓋骨や上腕骨などの頑丈さや歯の摩耗が少ないことから、男性で年齢は三〇歳前後、壮年に属すと推測された。

人骨は小さな骨片が剝がれ落ちる状況にあったため、最新の方法

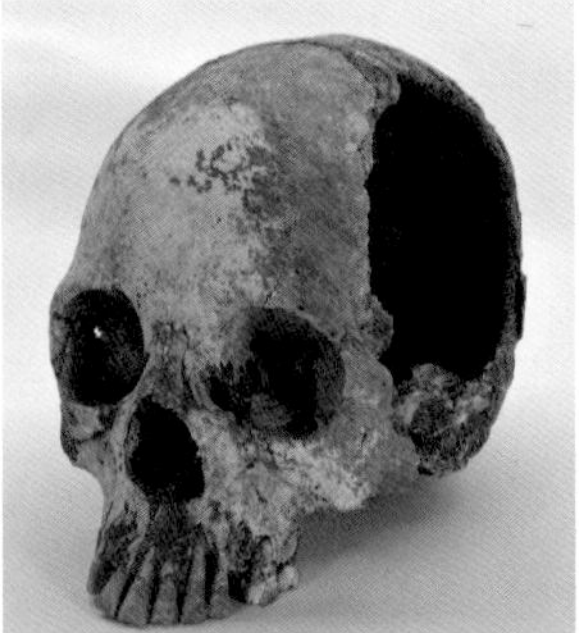

図13 ● 人骨aの頭蓋骨
顔面および左の前頭には、水銀朱がみられる。

で保存処理する必要があった。そのため、国立科学博物館名誉研究員の馬場悠男に保存処理を依頼した。保存処理は、実物資料をより強固にするものではなく、現状保存を目的におこなわれるもので、原形を永く保存するためには、実物にかわるレプリカを製作しておく必要があった。そこで、人骨aの頭蓋骨について、3Dスキャン撮影がおこなわれ、レプリカを作成するための詳細なデータを得ることができた。

馬場の観察によると三〇歳前後で、わりときゃしゃな体格の人物ということで、これは獨協医科大学第一解剖学教室の報告とも合致する。

人骨aの頭蓋骨は左側頭部が欠損しているものの、顔面および左の前頭にかけて赤色顔料が付着していることが観察できる（図13）。付着した赤色顔料の成分分析によると、水銀を多く含むことから、人骨aに付着した赤色顔料は水銀朱であることが判明した。

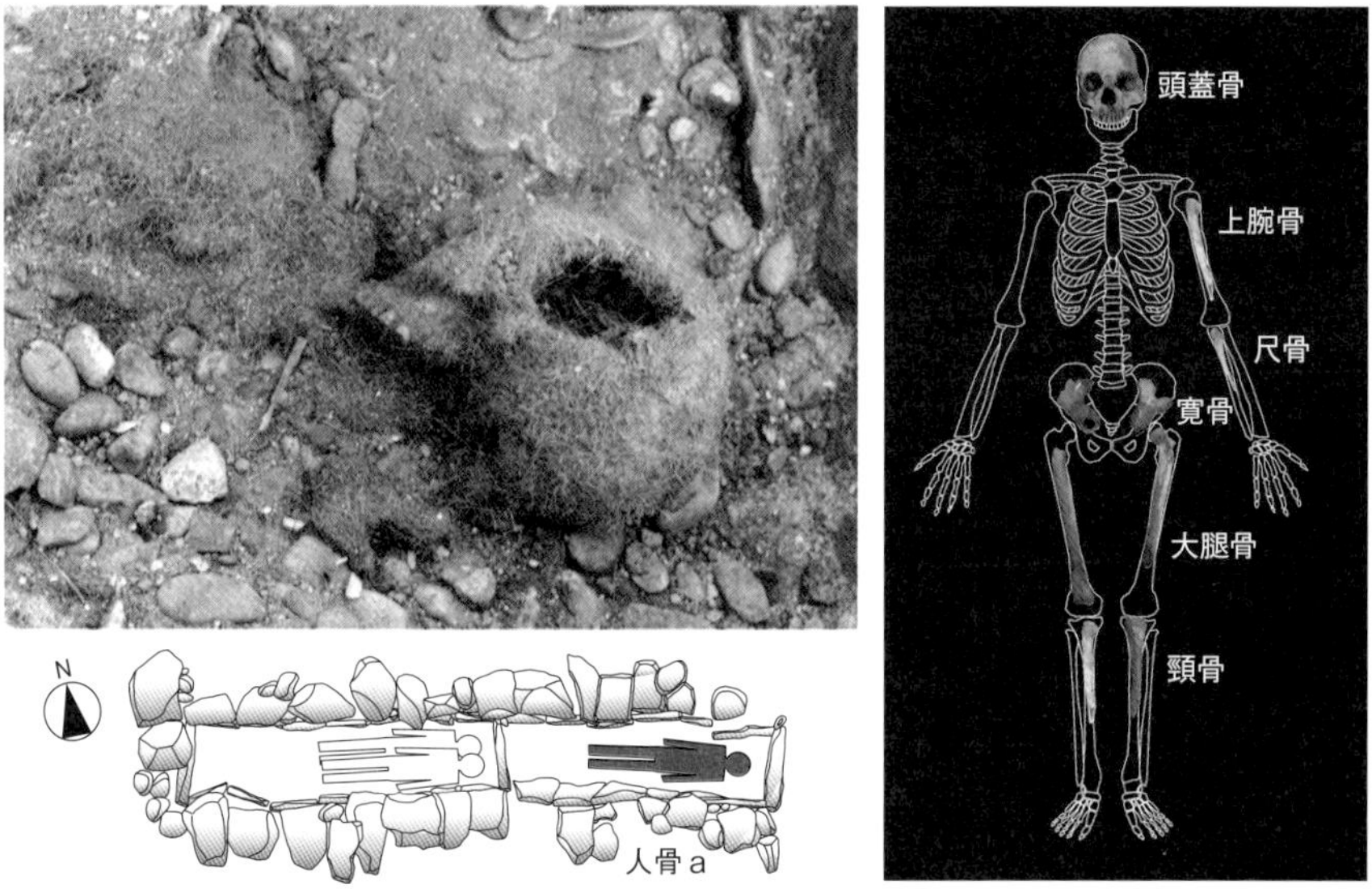

図14 ● 人骨aの出土状態
東側埋葬施設の被葬者は30歳前後の男性で、わりときゃしゃな体格の人物であることがわかった。

妊娠歴のある人骨b

西側埋葬施設の南側からは、全身に近い人骨が出土した（図15右）。

全体的な特徴として人骨はきゃしゃで、妊娠の経験があることを示す痕跡（耳状面前溝）があるため、女性と推測された。頭蓋骨は顔面の右半分から右側頭骨にかけて残存し、額が平坦な女性で、推定身長は一五七センチ前後となる。

具体的な年齢を示す材料には恵まれなかったが、人骨cの女性よりは若いと考えられる。

熟年女性の人骨c

西側埋葬施設の北側の人骨cは、遺存状態はよくなかった（図15左）。頭蓋骨は植物による侵蝕が顕著で、歯も歯冠のエナメル質が部分的に剥がれているものが多い。

推定身長は一五八・四センチ。性別判定は、頭蓋骨や寛骨の出土が部分的であることなどか

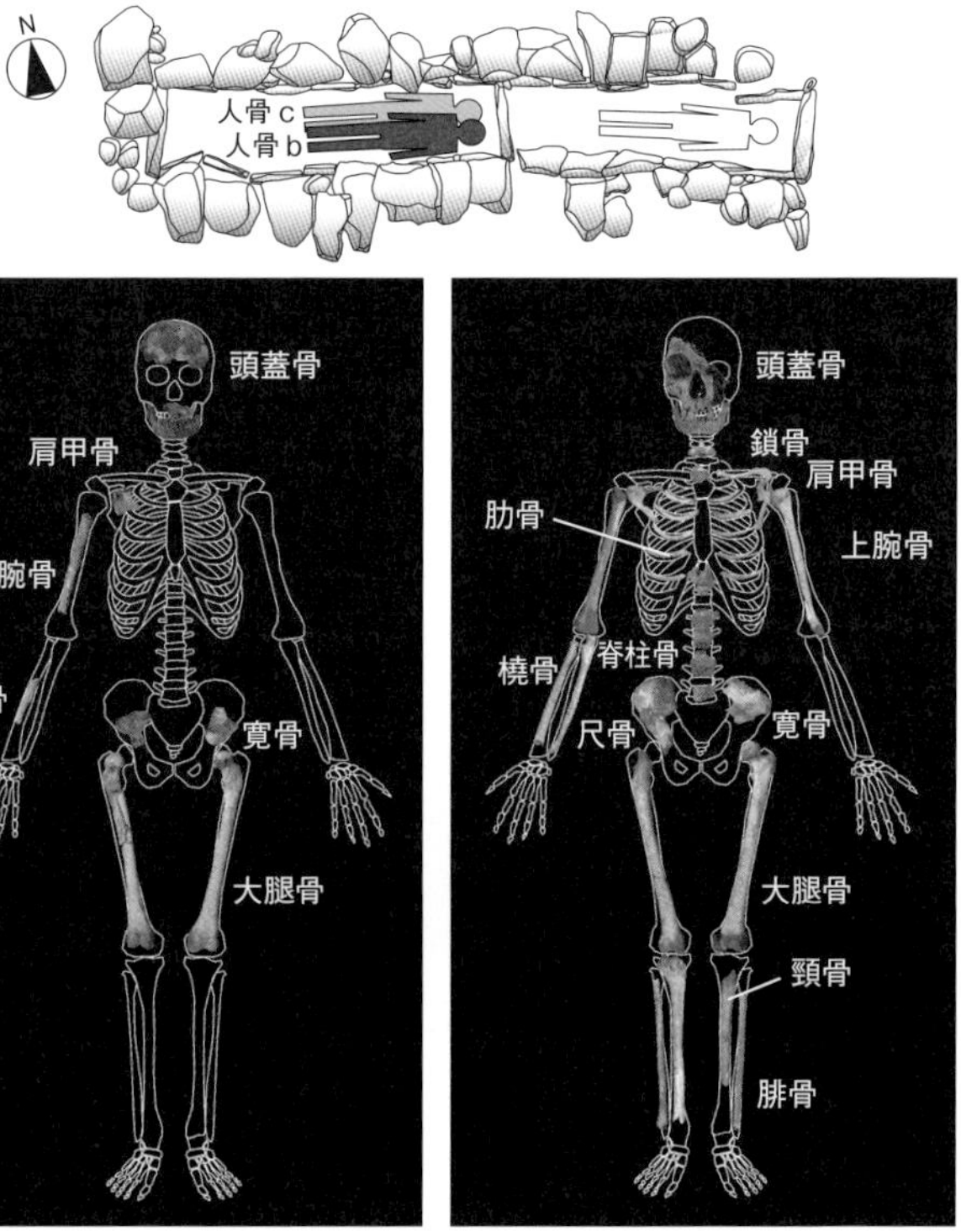

図15 ● 人骨b（右）**と人骨c**（左）
人骨bの身長は157cm、人骨cの身長は158.4cmと推定された。当時としては、背の高い女性であったろう。

らかなりむずかしいが、女性の可能性が高いとの指摘があった。熟年で、出土した三体のなかではもっとも年長の可能性がある。

石棺石材の朱はベンガラ

二〇二一年、後輩の学芸員と、人骨の納められた収納箱の中から遺物をすべてとり出し、調査をおこなっていたときのことである。骨片の入った袋の中に、骨とは異なるものが入っていることに気がついた。四×三センチほどの凝灰岩で、平坦な面が赤く塗られた石棺の一部だった（図16）。

箱式石棺は調査後に埋め戻され、現在われわれが直接目にすることはできない。そのため、破片とはいえ、あざやかな朱塗の石棺の一部が確認されたことは、大きな成果であった。この破片について蛍光Ｘ線分析をおこなったところ、鉄分を多く含む、ベンガラに由来することがわかった。これにより、正直二七号墳は人骨と鹿角装具に水銀朱が用いられ、石棺にはベンガラが塗られていることが明らかとなったのである。

新たな謎

出土遺物の特徴などから、新たな謎が生まれた。埋葬された

図16 ● 石棺石材
石材の凝灰岩は、ベンガラでていねいに赤彩されていた。

遺体はおそらく四体と思われるが、これらは埋葬された時期が同じか異なるかという問題である。

古墳の中心を基点として平行に並んだ南北両箱式石棺の位置関係から、四人はほぼ同じときに埋葬されたと思われる（図17）。近親者であろうが、どのような親族関係であったのだろうか。

石製模造品の組成からみると、南箱式石棺は「刀子形＋斧形＋剣形＋有孔円板」であるが、北箱式石棺の東西両埋葬施設はいずれも「剣形＋有孔円板」で刀子形と斧形はない。

古墳出土の石製模造品は刀子形を含むことが基本とされている。正直古墳群では二七号墳南箱式石棺のほかに、次章で述べるように二三号墳や三〇号墳からも刀子形の出土が確認されている。そのため正直古

図17 ● **埋葬時の想像図**
内部が真っ赤に塗られた石棺に遺体が埋葬され、
頭部付近には石製模造品が置かれた。

墳群では、首長墓の副葬品は刀子形を含むと考えられる。一方で、二七号墳北箱式石棺の東西両埋葬施設のように刀子形を含まない組成も存在する。この組成の差は、石製模造品の系譜や製作者の違いではなく、被葬者の位置づけの違いを想定するほうがより理解しやすい。

南箱式石棺の被葬者を首長的な階層と仮定した場合、刀子形と斧形が副葬されていない北箱式石棺の被葬者は、身分的に下位の人物と想定できるのではないだろうか。

また、北箱式石棺の人骨ａの頭蓋骨には朱が付着しているが、これは骨化が進んだ状態で塗られたとも考えられる。とすれば、死後すぐには古墳に葬られず埋葬までに一定期間の殯《もがり》がおこなわれたため、骨化が進んだことも想定できる。

発掘調査以降もつづけられる分析の進展により、新たな謎、解明すべき問題も生じているのである。

5　正直二七号墳の年代を推理する

石製模造品

石製模造品は、二七号墳のみならず正直古墳群を代表する遺物である。カミの観念が発達し、体系的に整理されていく段階で生まれた精神的側面を象徴する祭祀遺物で、「ヤマト王権の東国支配強化の手段」あるいは「東日本への埋葬イデオロギーの移植」などといわれ、ヤマト王権による東国経営の象徴の一つと説明されてきた。四世紀後半ごろ近畿地方中央部に出現し、五世紀に盛行する。古墳では死者を墓まで葬り送る「葬送」、集落・祭祀遺跡では神々や祖先をまつる「祭祀」という儀礼の場面において使用された。

南箱式石棺の石製模造品は、先に述べたように組成の面では新しい要素がみられるが、剣形は古い形態であった。そして、刀子形や斧形の形態的特徴が類似するものは、五世紀前半の群馬県藤岡市白石《しろいし》稲荷山《いなりやま》古墳や高崎市剣崎《けんざき》天神山《てんじんやま》古墳の出土遺物にみられる。こうしたことから、五世紀前半の年代が導かれる。

一四〇〇点を超える臼玉

北箱式石棺の東側埋葬施設と西側埋葬施設から出土した臼玉の総数は一四五六点を数える。

これらの臼玉は、いつごろのものだろうか。その特徴は、稜線がシャープではないものの算盤玉《そろばんだま》状を呈し、稜線が片側に寄るものが含まれる点である。また中央の稜線を意識しながらも、稜線が弱く太鼓状に近い形態のものも含まれることがあげられる。そして、側面の擦痕は明瞭で光沢などは生じない。こうした特徴を有する臼玉は、五世紀中葉でも比較的古い段階のものである。

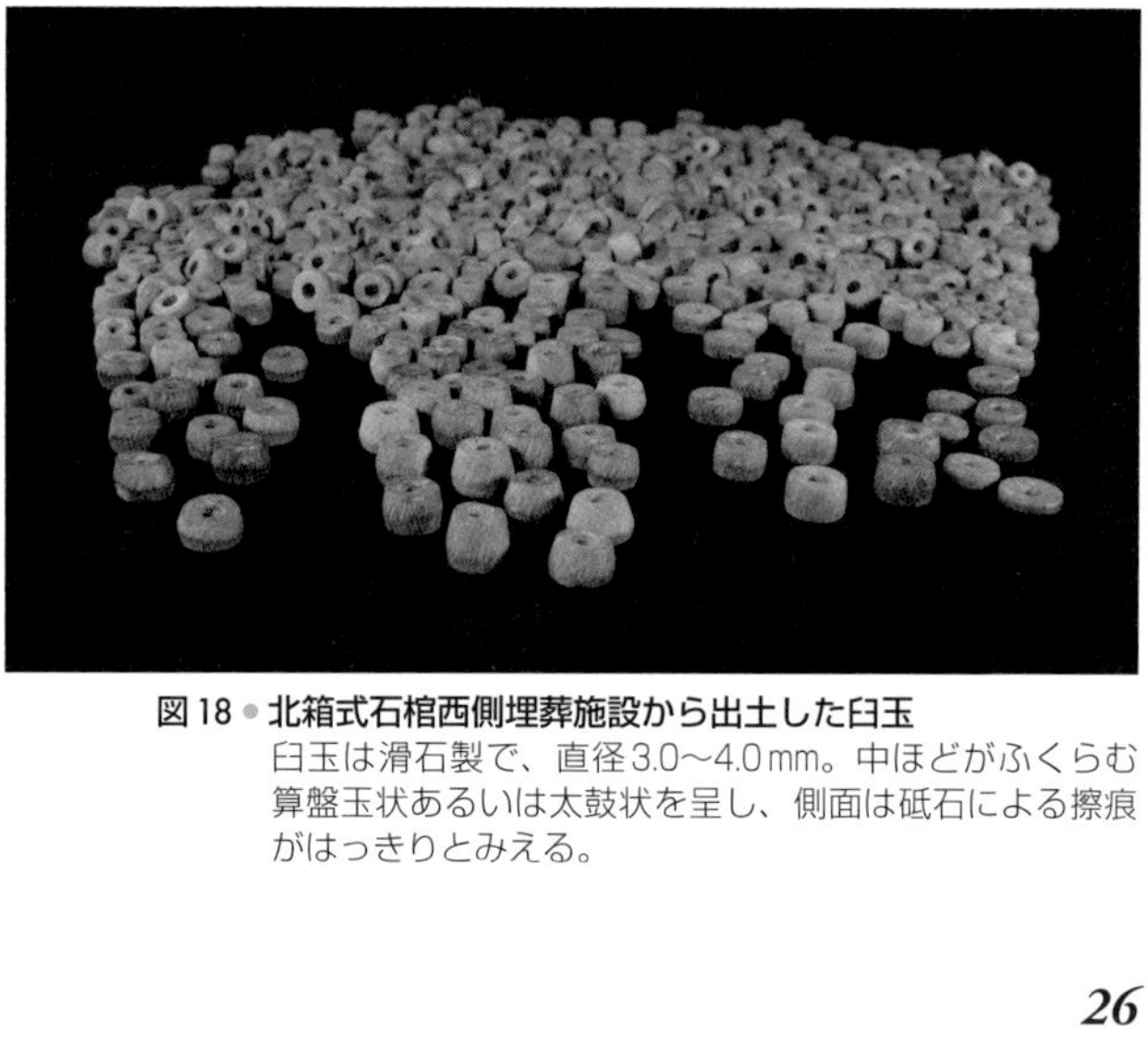

図18 ● 北箱式石棺西側埋葬施設から出土した臼玉
臼玉は滑石製で、直径3.0〜4.0mm。中ほどがふくらむ算盤玉状あるいは太鼓状を呈し、側面は砥石による擦痕がはっきりとみえる。

鹿角製刀剣装具

鹿角製刀剣装具についての研究にくわしい千葉大学の山田俊輔によれば、正直二七号墳の把縁装具ａは表面に赤色顔料の付着が明瞭に観察され、突出部の形状など全体的な特徴のよく似ているものを探ると、徳島県徳島市の恵解山《えげやま》二号墳（五世紀前半）から出土した遺物に類例のあることがわかった。

恵解山二号墳は直径二五メートルの円墳で、二基の箱式石棺が発見され、そのうちの一基である西棺から鹿角装剣が出土した。

正直二七号墳の遺存状態のよい把頭装具ａは、円筒形で直弧文を施さず、二孔あるいは四孔をうがち、切れ込みに赤色顔料の付着が確認できる。これと同形態のものがやはり恵解山二号墳で出土している。鞘尻装具は外面には直弧文を刻まず、鹿角本来の自然面を多く残し、鞘側の面（頭端面）には鞘木を挿入するための長方形の孔がうがたれている。

正直二七号墳の把縁装具ａは、把縁装具と把縁突起を一体でつくり出す特徴的な形態で、他の装具も含め恵解山二号墳例との共通点が指摘できる数少ない例の一つといえる。そのため、二七号墳の鹿角製刀剣装具は五世紀前半に位置づけるのが妥当と考えられる。

以上のように、石製模造品や滑石製臼玉、鹿角製刀剣装具などの特徴から、正直二七号墳は五世紀前半に築造された首長の墓であることがわかる。では、この二七号墳は正直古墳群のなかにおいては、どのような位置づけとなるのだろうか。次章では、古墳群全体をみてゆこう。

第2章　多彩な正直古墳群

正直古墳群は、地形的なまとまりから尾根上に二〜四基からなる支群A〜Gと、群集する支群Hに分けられる（図19）。四世紀中〜後葉に築造された正直三五号墳を端緒とし、五世紀代を通して築造された。なかでも大型の古墳からは、鉄製品や石製模造品が多数出土している。第一章で述べた二七号墳は、二四〜二六号墳とともに支群Bというまとまりでとらえられる。

これまで、発掘調査がおこなわれた古墳は一一〜一三・一五・一八・二一・二三・二七・三〇・三五号墳などである。古墳群の内容がわかるにつれて、東北地方でも類例の少ない古墳時代中期の古墳群としてその重要性が増し、さらに、古墳時代前期から中期に継続する希少な古墳群という評価もされるようになった。

二七号墳の発掘は開発にともなう緊急調査によるものであり、墳丘は残されていない。他の古墳の多くも住宅建設・開墾などによる破壊を前提として調査された。そのなかで、二一号墳と三五号墳は、史跡整備を目的として調査された。

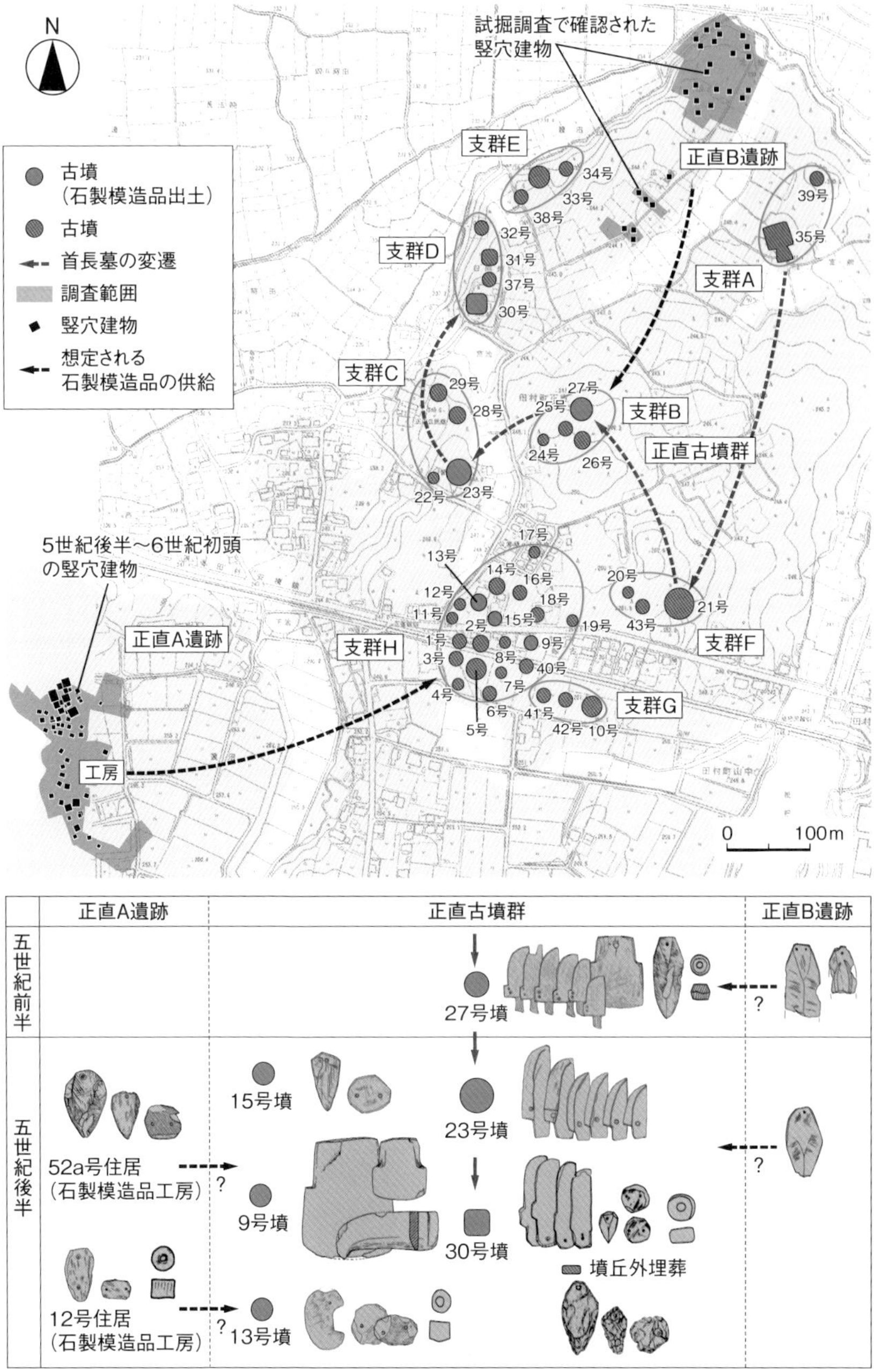

図19 ● 正直古墳群における首長墓の変遷と石製模造品の供給
首長墓を含む支群A～G、群集する支群Hの母体となったのは、
それぞれ正直B遺跡、正直A遺跡の可能性が高い。

1　最大の円墳二一号墳と前方後方墳三五号墳

削平されかけた二一号墳

二〇一六年、古墳群のなかで最大の円墳である二一号墳が開発行為により一部破壊を受けた。二一号墳は古墳群南東側の支群Fにある直径三七メートルの円墳である（図20）。古墳の保護が急務になるとともに古墳群を保存する機運が高まり、福島大学の菊地芳朗らの調査指導のもと、史跡整備を目的とした学術調査が実施された。

計画では古墳群唯一の前方後方墳の三五号墳も調査対象となっていたが、急務であったのは破壊を受けた二一号墳の調査である。二一号墳は、方墳ではないかとの指摘があったものの、調査により弧を描く周溝が確認され、円墳であることが確実となった。

つながったミッシングリンク

墳頂部を調査した結果、埋葬施設の痕跡が並んで確認され、木棺が二基並列していたと推測できた。周溝からは、墳頂部に樹立されていたと考えられる壺形埴輪の破片などが多数出土した（図21）。

図20●正直21号墳（南東より）

壺形埴輪は、口縁部の中ほどに突帯をめぐらせるものと、口縁部外面に粘土紐を貼り付けた二重口縁を呈するものであることがわかった。同様の形態の壺形埴輪は埼玉県美里町の川輪聖天塚《かわわしょうてんづか》古墳、茨城県坂東市の上出島《かみいずしま》二号墳などに類例があることから、二一号墳は、それらの古墳と同年代の四世紀末から五世紀初頭に築造された可能性が高まった。

また区画する溝から出土した小型壺も同様の年代が想定された。この年代は、後で述べる三五号墳と二七号墳との間に位置づけられる。つまり、これまで不明であった古墳群の年代的空白を埋める重要な古墳であることが判明したのである。

前方後方墳の三五号墳

古墳群北東端の支群Aに位置する三五号墳は、当初中期の前方後円墳と考えられていた。しかし、前方後方墳ではないかと

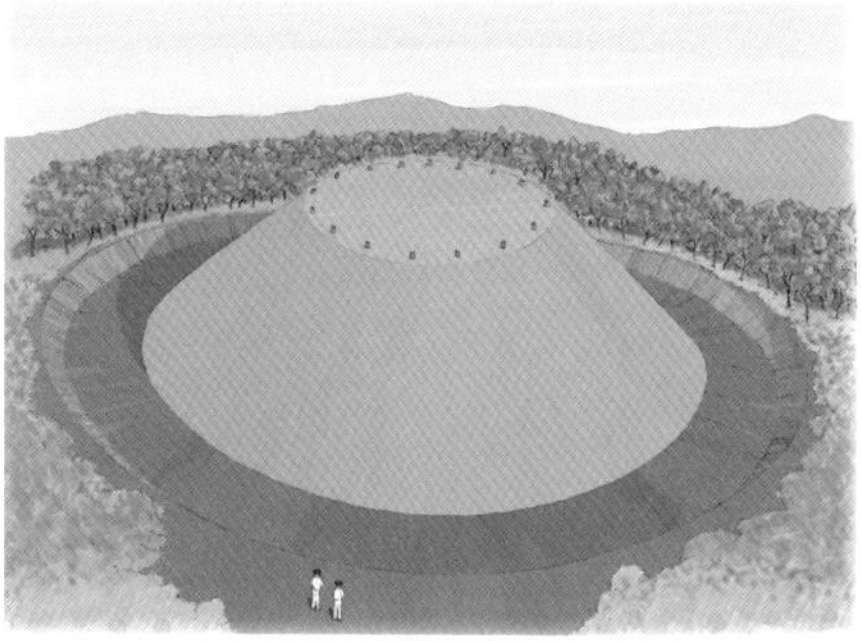

21号墳想像図

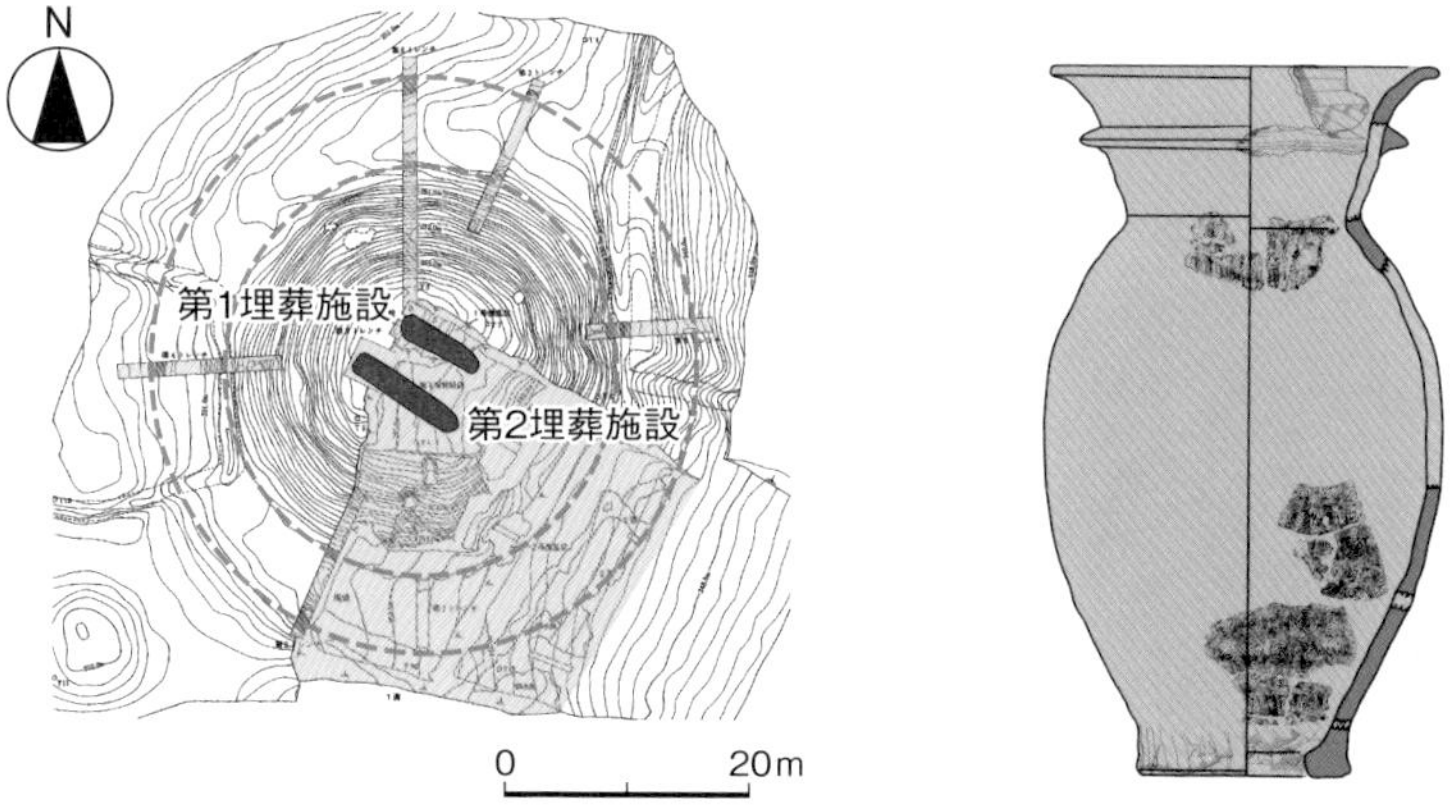

図21 ● **正直21号墳**（左）**と墳頂に樹立された壺形埴輪**（右）
直径37mの円墳で幅6〜7mの周溝がめぐる。墳丘上には、2棺並列の木棺直葬と考えられる埋葬施設の痕跡が確認された。

の指摘があり、一九九〇年に測量調査がおこなわれた。その結果、全長三七メートルの前方後方墳であることがほぼ明らかとなった。

三五号墳の築造時期については、谷田川を挟んだ対岸の、四世紀に築造された全長八三メートルの前方後方墳、大安場《おおやすば》一号墳（**六五ページ参照**）に先行する時期の可能性も提示されていた。測量調査によって前期の前方後方墳という位置づけはほぼ定着していたが、墳丘の正確な形態・規模、そして築造時期についての情報は得られないままであった。正直古墳群の出現契機を探るうえで、この古墳の解明は喫緊の課題であった。

二〇一九年に三五号墳の調査がはじまった。立木の伐採でそれまで明瞭ではなかった古墳の姿が明らかになると、前方部と後方部の高低差が少なく、規模のわりに後方部墳頂平坦面が広いことに気がついた（**図22**）。後方部の西・北・

図22 ● 正直35号墳（南東より）
左が前方部。前方部と後方部の高低差が少ない。後方部は、大きく削平を受けていた。

東側にトレンチを設定し、掘り込みを進めるとその理由が明らかとなった。

各地の多くの古墳がそうであるように、三五号墳も信仰の対象となった場所である。後方部上にはかつて神社が存在しており、その造営のために後方部はかなり削られていたのである。また、神社造営時、墳頂部を掘削した際に生じた土が後方部東側に厚く堆積していた。これらの堆積土を除去したところ、墳丘の盛土があらわれ、古墳の墳端を確認することができた。しかし、前方後方墳であるかどうかは次回の調査にもち越されることになった。

最初につくられた古墳

三五号墳は測量調査で前方後方形であることがほぼ確実視されていたが、それを裏づけることと、墳丘の構築方法を解明するために、二〇二一年に西側くびれ部の調査をおこなった。そこから後方部側に拡張したトレンチで、前方部から後方部に向かって墳丘が鋭角に屈曲することを確認し、三五号墳は前方後方墳であることが確実となった（**図23**）。

さらに前回の調査では、底部穿孔壺の一部が出土したものの、

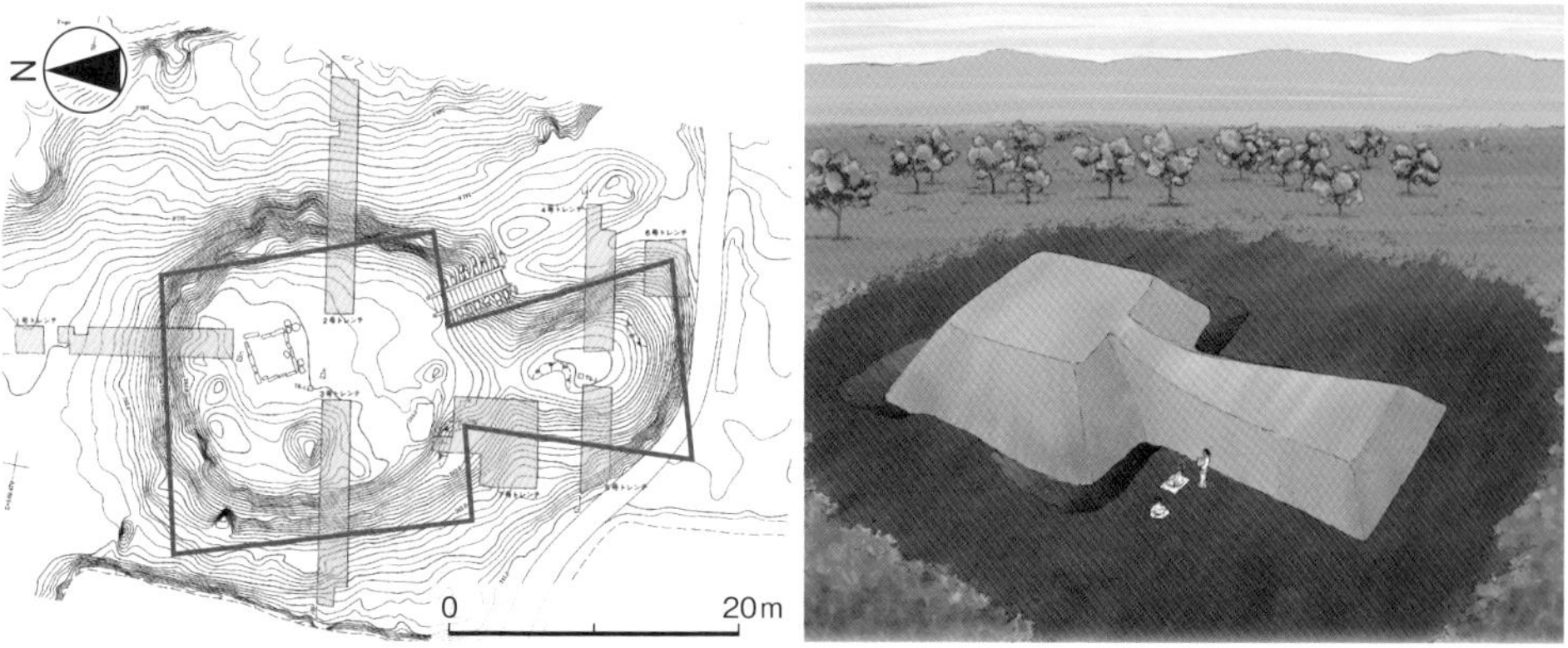

図23 ● 正直35号墳の墳丘図（左）**と想像図**（右）
全長37m。明確な周溝はみられないものの、後方部の一部に基準となる掘込みが観察される。くびれ部で儀礼がおこなわれた痕跡がみられた。

その時期を明確にできなかったが、くびれ部より出土した底部穿孔壺などによって、三五号墳は四世紀中〜後葉の築造であることが明らかとなり（図24）、正直古墳群で最初に築造された古墳であることがわかったのである。

それは、対岸の大型前方後方墳、大安場一号墳とほぼ同じ時期であった。

図24 ● 底部穿孔壺
35号墳の年代を決定した壺。底に孔があいている。

2 さまざまな中期古墳

支群Cの二三号墳

正直古墳群の西寄りに位置する支群Cは、他の支群とは開析谷で画された狭い丘陵上にあり、二二・二三・二八・二九号墳により構成される。

二三号墳は、直径二九メートル、高さ五メートルの円墳で（図25）、福島県学生考古学会が調査した。

埋葬施設は木棺の外側を木炭で固定した木炭槨と、詳細は不明だが並行して木棺の外側を粘土で固定した粘土槨が確認されている。木炭槨からは竪櫛、刀子形石製模造品六点が出土した。この刀子形は比較的大型の包丁のような形で、一見すると一般的なものにくらべ扁平で時期が新しいと思われた。一方、革袋の鞘の縫い合わせの表現があるなど、写実的な表現を残していた。また、そのなかの一点には方形突出部を表現する線刻もみられた。

石製模造品は古いものほど写実的で、新しいものは形が簡略化されていくので、二三号墳の刀子形石製模造品は比較的新しい五世紀後半ごろの製作と考えられる。

支群Dの三〇号墳

支群Dに位置する三〇号墳は、一辺二一・五メートルで方墳の可能性があるとされたが、円墳の可能性もある（図26）。

木棺直葬の埋葬施設二基が、二棺並列の状態で確認された。このうちの第一埋葬施設からは刀子形四点・剣形一点・有孔円板四点などの石製模造品、臼玉・管玉《くだたま》・琥珀《こはく》玉が発見された。刀子形は、一般的には方形突出部にある紐通し孔が把部にあって、通常とは異なる形態である。

第二埋葬施設からは、鉄刀子、臼玉・ガラス玉・

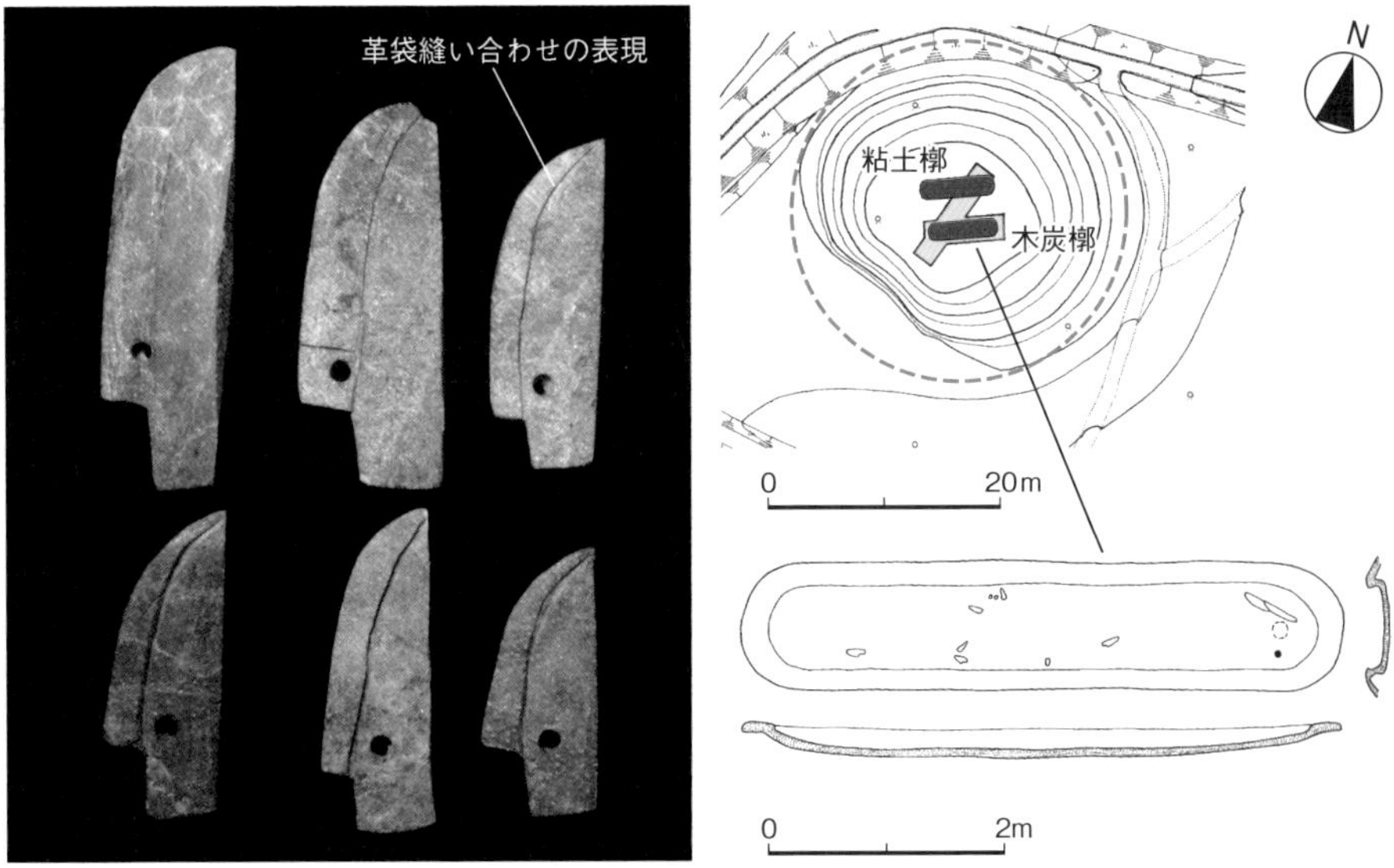

図25 ● 正直23号墳（右）**と木炭槨から出土した刀子形石製模造品**（左）
出土した6点の刀子形は、包丁のような形をしており、革袋の縫い合わせの表現がみられる。上段中央の刀子形にのみ、方形突出部を表現した線刻がある。

管玉・瑪瑙《めのう》の勾玉《まがたま》などが出土した。

正直古墳群では、二七・二三・三〇号墳の三基の古墳から刀子形石製模造品が出土しているが、形態的特徴は異なることから、これらの刀子形は直接のつながりはないと考えている。そのうえで二七号墳は定型的でもっとも古く、方形突出部の表現がなくなる二三号墳、紐通し孔が把部にうがたれる三〇号墳は相対的に新しい五世紀後半と推測できる。

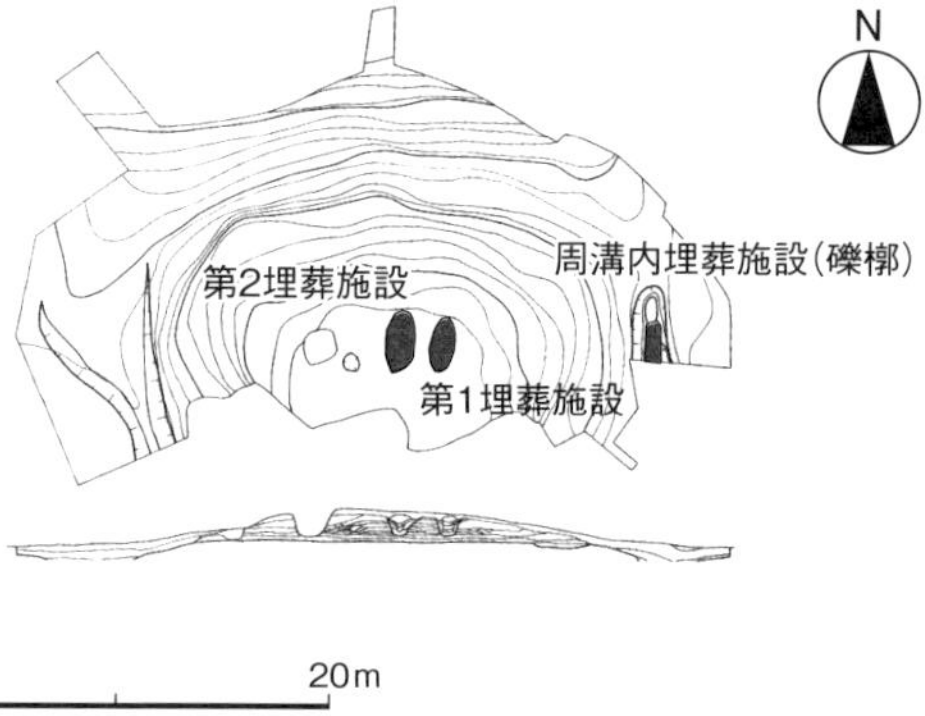

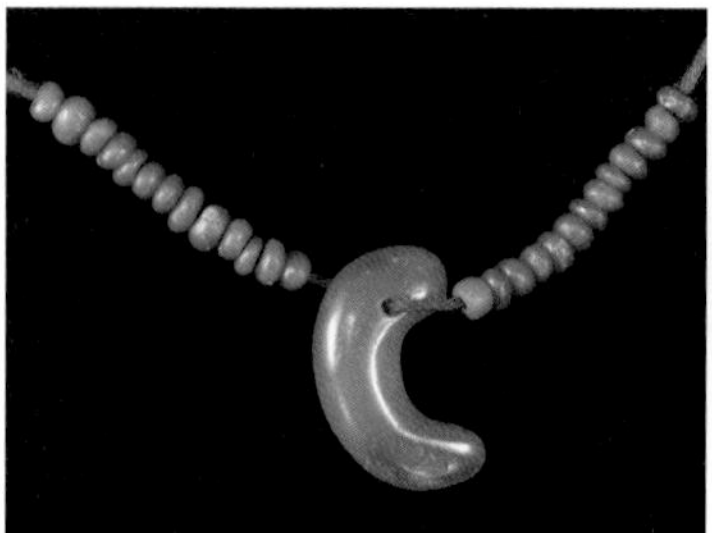

第２埋葬施設出土の瑪瑙の勾玉とガラス玉

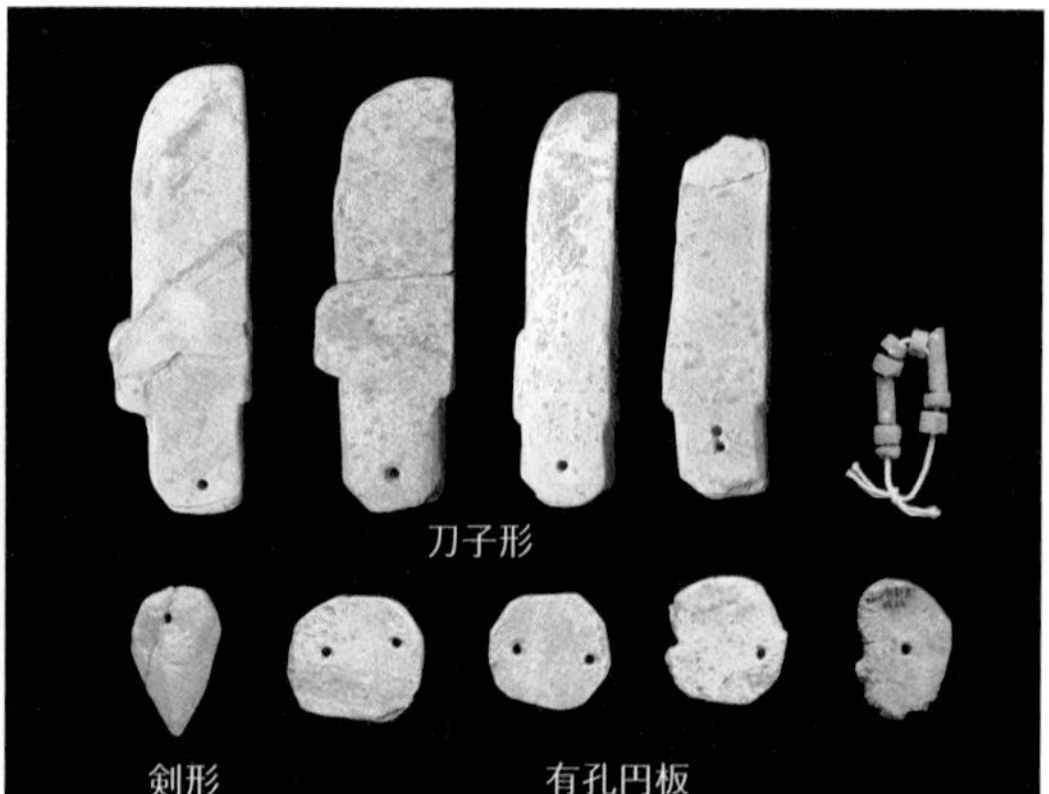

第１埋葬施設（木棺直葬）出土の石製模造品

図26 ● 正直30号墳

第1埋葬施設から出土した刀子形石製模造品は大型扁平で、本来は方形突出部にあるはずの穿孔が把部にあり、形骸化が著しい。

　三〇号墳の周溝からは排水施設のある埋葬施設が確認された（図27）。この埋葬施設は、こぶし大の礫により、中央に据えた木棺を固定するものだが、上部まで立ち上がらず棺の下にも礫がない。短軸断面形はゆるやかに湾曲し、長軸断面形は端部がゆるやかに立ち上がり、船底状を呈する。広い意味では礫槨とよべるだろう。

　当初は三〇号墳の築造の際に、墳丘を破壊された古墳の埋葬施設と考えられ、三六号墳という名

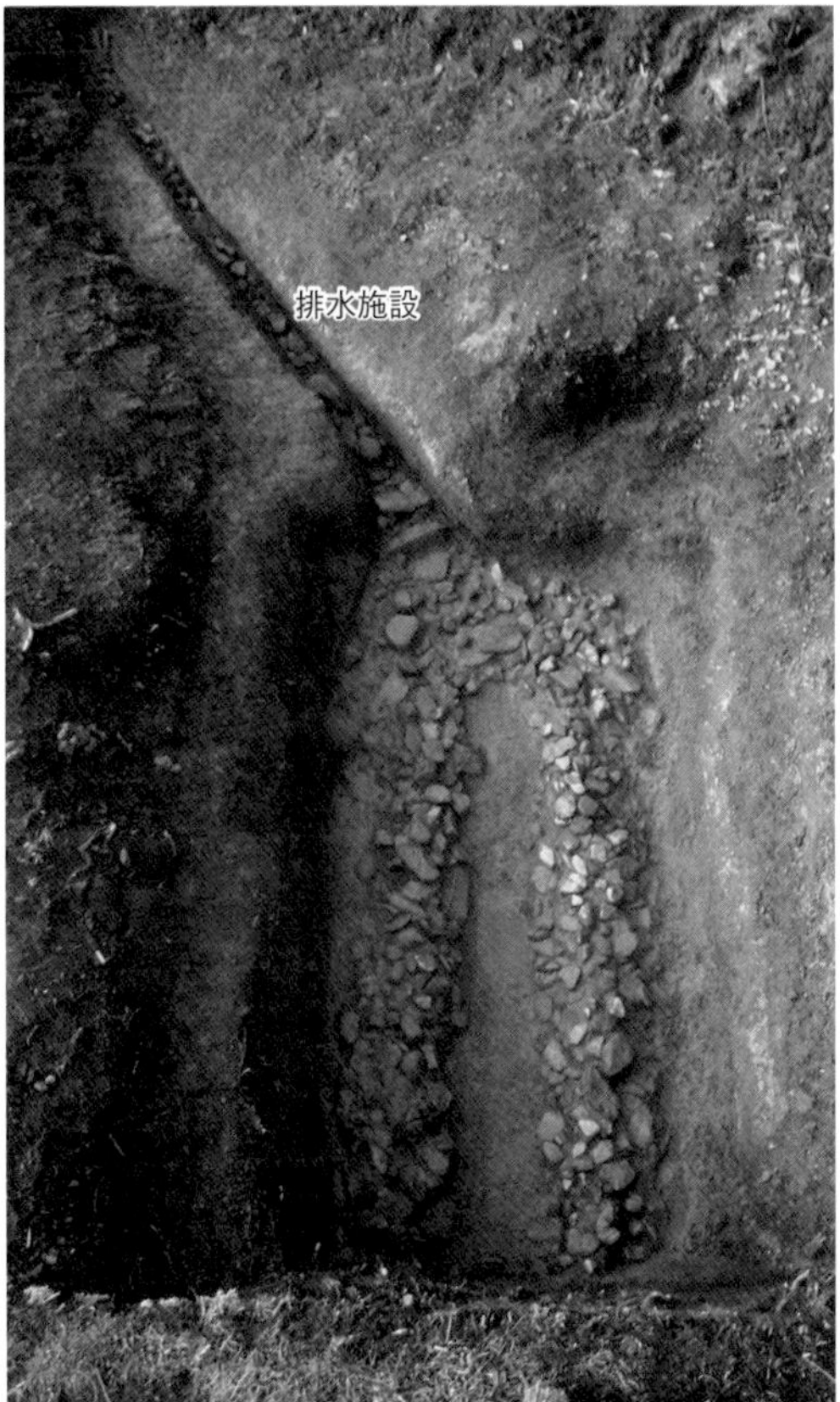

周溝内埋葬施設から出土した石製模造品

図27 ● 正直30号墳の周溝内埋葬施設（左）**と排水施設**（右）
礫で木棺を固定する礫槨の一種で、断面形が逆三角形になる排水施設がとりつく。出土した石製模造品は粗雑なつくりである。

称がつけられた。しかし、この埋葬施設は、三〇号墳の周溝内に位置し、墳丘上の埋葬施設とも軸線をそろえた配置である。出土した剣形三点、有孔円板五点の石製模造品は粗製で、三〇号墳第一埋葬施設の出土遺物とくらべると型式学的には新しく、三〇号墳より古い古墳と考えることはむずかしい。三〇号墳の周溝内埋葬と考えてよいだろう。

支群Hの古墳

正直古墳群の南西部にある支群Hは、もっとも多くの古墳が密集する。調査がおこなわれた一一・一二・一三・一五号墳をみていこう。

一一号墳　一一号墳は、直径約九・五メートル、高さ〇・八メートルほどの円墳である。墳頂部はかなり削平されていた。

墳頂部の表土下約二〇センチのところから、側壁の板石と敷きつめられた底石がみつかり(**図28左**)、残存状況から長さ三メートル、幅一・一メートルほどの箱式石棺と思われる。また、石棺の南側の盗掘坑の南東へりに板状の石が据えられた状態で四枚確認された。盗掘により破壊されているものの、南北に隣り合うように箱式石棺が二基あったことが判明した。

周溝の底面直上で壺形土器が直立した状態のまま、白色砂粒層下でみつかった(**図28右**)。この白色砂粒層は、群馬県榛名山降下軽石・FP(群馬県の榛名山が一五〇〇年前に噴火した際の火山灰)で、周溝に土砂が堆積する過程で堆積したのであろう。壺の形態と合わせて一一号墳の年代は、五世紀第3四半期ごろと考えられる。また、壺は直立で出土していることから、墳丘からの転落とは考えられない。周溝に置かれた可能性がある。

一二号墳　直径約九・五メートル、高さ〇・四〜〇・五メートルほどの円墳である。調査がおこなわれる段階でかなり削平されており、墳丘を掘り下げても埋葬施設は確認できなかった。一方、周溝では一一号墳と同じように白色砂粒層の堆積が確認された。

周溝の底面からは一メートルほどの間隔で高坏が出土した（**図29**）。墳丘から転落したものではなく、周溝に置かれた可能性がある。椀形の坏部の口縁には段が形成されており、須恵器の影響を受けていることがわかる。また裾部に向かってゆるやかに広がる脚部は須恵器の短脚高坏に

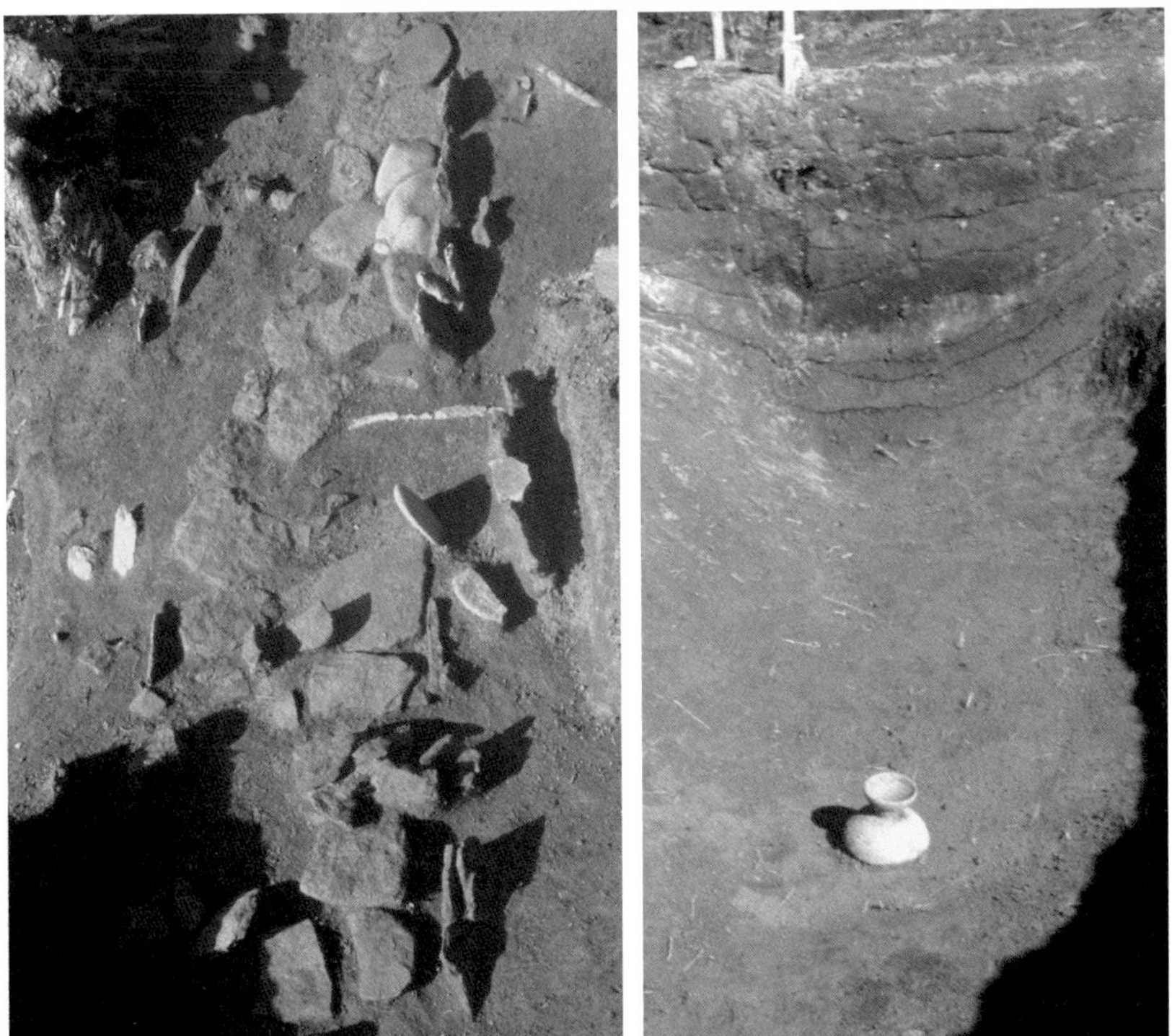

図28 ● 正直11号墳の箱式石棺（左）**と周溝に置かれた壺**（右）
石棺は底に板石を有する形態で、長軸3mと大型である。周溝断面（右）に火山灰の白色砂粒層が確認できる。周溝の底面には壺が置かれた状態で出土した。

近い形態である。こうした土器の特徴や火山灰の堆積から、一二号墳は五世紀第4四半期ごろに築造されたと考えられる。

一三号墳　一一〜一三号墳のなかでは、もっとも規模が大きく直径二〇メートル、高さ二メートルの円墳である。墳頂部下約一四〇センチのところから、ゆるやかな舟底形をした木炭層がみつかり（**図30**）、埋葬施設と確認した。木炭の残存状態と形態から、木炭槨ではなく木棺の痕跡である可能性が高い。

図29●**正直12号墳周溝出土の高坏と出土状態**
高坏は、等間隔で出土した。墳丘から転落したのではなく、周溝に置かれた可能性がある。

埋葬施設からは鉄鏃が、周溝からは石製模造品の有孔円板二点が出土した。鉄鏃は片側に刃が付いた長頸鏃が多数を占めることから、五世紀末から六世紀初頭の築造と考えている。

また、一三号墳の墳丘をローム層まで掘り下げたところ、円形を呈する三基のピットを検出し、そのうちの一基から完形の壺形土器が一点出土した。こうした古墳構築直前に埋納された土器の性格は不明であったが、後に実施した一五号墳の調査によって祭祀に使用されたものということが明らかとなった。

一五号墳　直径一七メートル、高さ一・八メートルの円墳で、埋葬施設は確認されていない。周溝などから石製模造品の剣形一点・有孔円板四点とともに土器が出土し、五世紀後半の築造と考えら

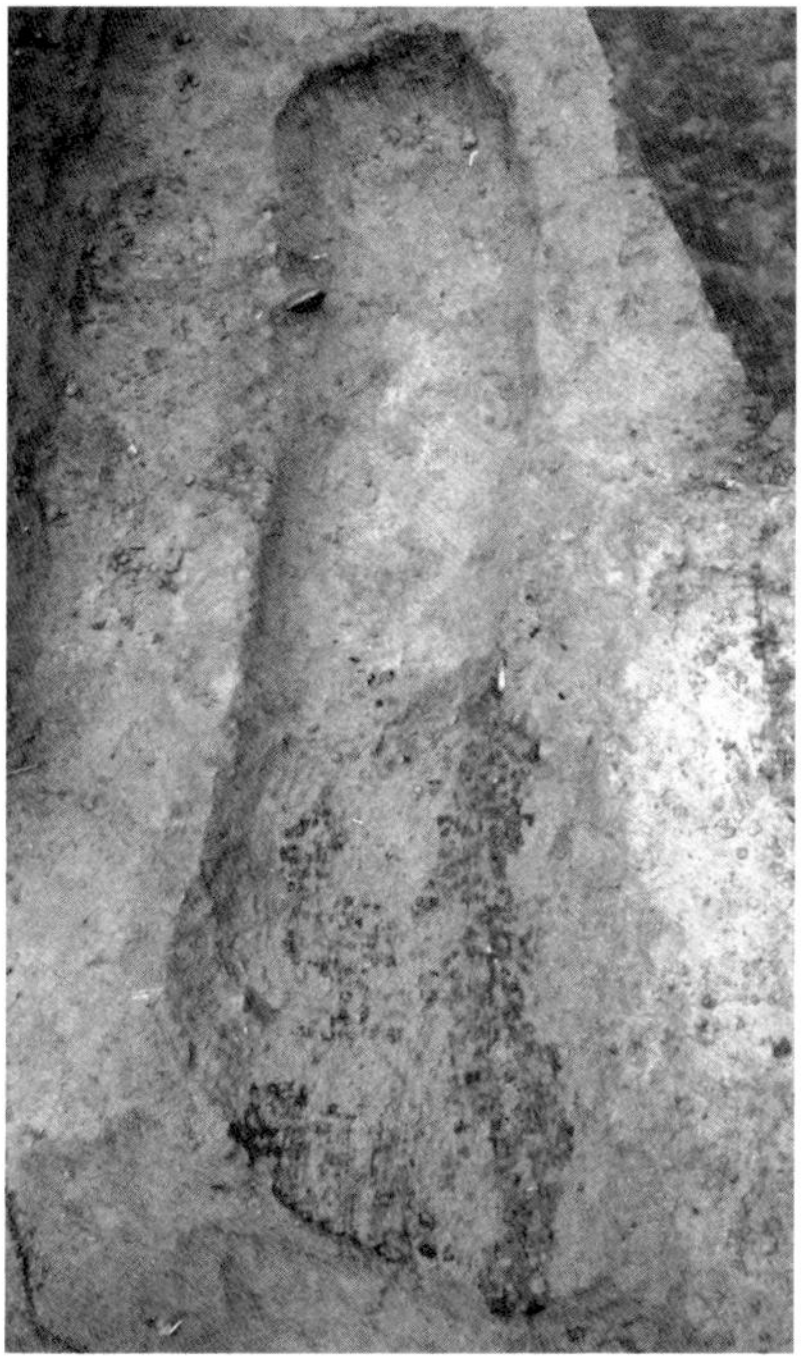

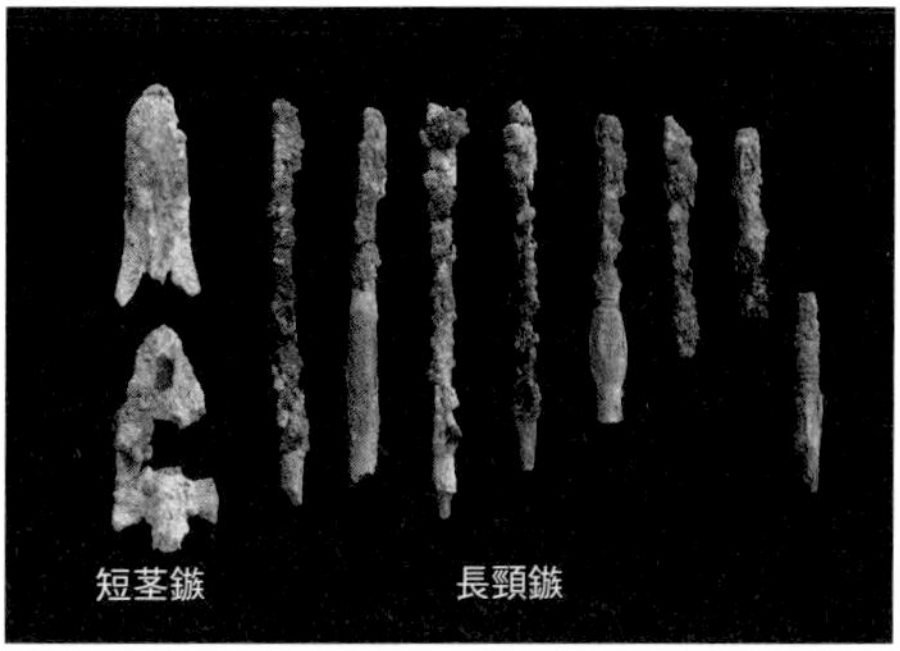

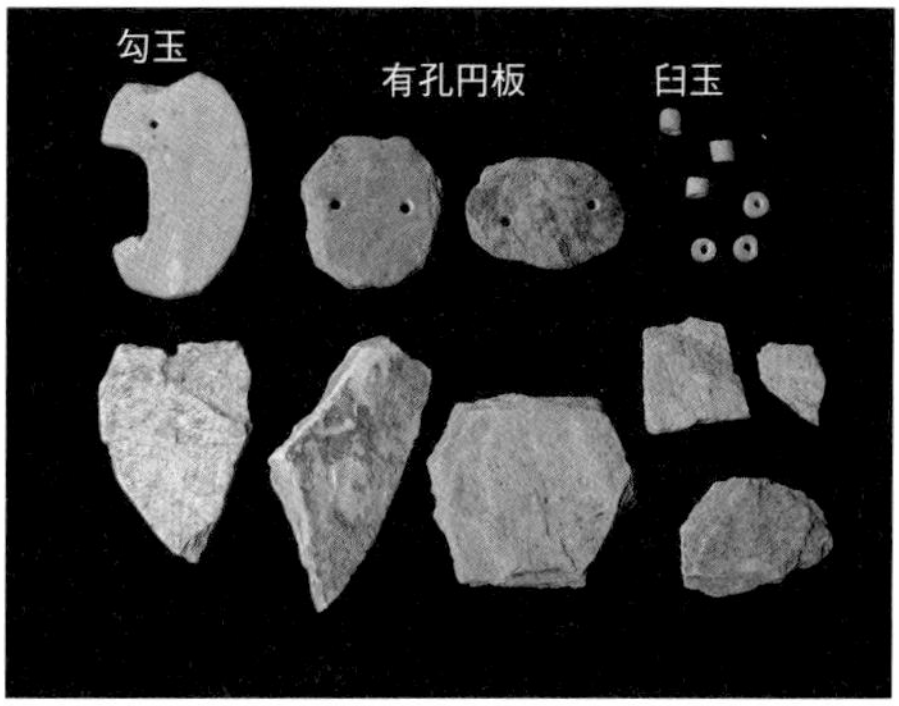

図30 ● **正直13号墳の埋葬施設と出土遺物**
木棺の痕跡が木炭として残る。埋葬施設から鉄鏃が、
周溝からは石製模造品の有孔円板が出土した。

れる。なお、旧表土上面から有孔円板四点とともに、土器が出土している。古墳の周囲に竪穴建物などは確認されていないことから、古墳築造直前におこなわれた祭祀と判断される。

一五号墳の調査時に、一五号墳と八・九号墳の間、一八号墳の間に木棺直葬と考えられる土坑墓を三基確認した。このうち三号土坑墓から曲刃鎌が出土しているが、時期を特定できる資料はなく、明確な年代は不明である。ただ、土坑墓は古墳の間に位置することから、古墳築造と同時期か直後の五世紀後半と考えている。

土坑墓には、副葬品がない場合が多く、墳丘の有無からも古墳の被葬者とは明らかな階層差がみられる。一方、土坑墓自体の検出事例は多くはなく、古墳に隣接する墓域に立地することから、土坑墓の被葬者は古墳の被葬者となんらかの関係があったと考えるべきであろう。

以上の古墳のほかに、三・五〜七・一〇・四二号墳の六基の古墳では、分布調査がおこなわれた際の試掘により周溝などが確認されている。しかし、部分的な調査のため時期の確定には至っていない。なお、九号墳では出土経緯は不明であるが、石

図31 ● 正直15号墳
墳丘内部の黒色土は古墳時代の表土層。ここからは石製模造品や土器が出土し、古墳築造直前になんらかの儀礼がおこなわれたことがわかる。

製模造品の斧形二点・鎌形一点が出土している。二七号墳の斧形に比較すると明らかに簡略化された形態で、時期的に後出する五世紀後半のものである。

3　継続して副葬された石製模造品

刀子形石製模造品

正直古墳群のなかで、支群Ｂの二七号墳と支群Ｃの二三号墳、そして支群Ｄの三〇号墳からは、刀子形の石製模造品が出土している。これに対し、支群Ｈの古墳からは刀子形の石製模造品は出土していない。刀子形が出土した二七・二三・三〇号墳は二一メートル以上の規模で、それぞれの支群で最大の古墳である。これに対し、刀子形が出土していない支群Ｈの一一～一三・一五号墳は、二〇メートル以下の円墳である。

このように、刀子形の石製模造品の有無は古墳の規模と密接な関連があると考えられる。このことから、やや大型の円墳を中心に二～四基で構成されるＡ～Ｇの支群は、首長とその近親者の古墳と想定される。

より詳細に検討すると、二～四基からなる支群（支群Ａ～Ｇ）は先行して築造され、密集する状態の支群（支群Ｈ）はやや時期が新しいことがわかる。さらに支群内部における古墳間の規模の差に着目すると、古い支群ほど古墳間の規模に差がみられ、新しい支群ほどその差が少なくなる傾向がある。なかでも刀子形が使用されたのは、二七・二三・三〇号墳といった支群中最大の古墳に限定されていた。これらの古墳は首長墓あるいはそれに準じる古墳であろう。

石製模造品をつくったのは？

正直古墳群に副葬された石製模造品はどこでつくられたのだろうか。古墳群に隣接する、正直A遺跡と正直B遺跡という二つの集落遺跡がある（図19）。A遺跡、B遺跡ともに部分的な調査で、全容の把握はこれからであるが、古墳群と関係していることは疑いない。

支群A～Gのうち三五・二一・二七号墳は、四世紀中～後葉から五世紀前半が築造時期と考えられる。そして丘陵北端のB遺跡は、五世紀前半の土器とともに、精巧なつくりの剣形石製模造品などが出土し（図32）、五世紀前半を中心とする集落と確認されている。このB遺跡が二七号墳などの築造母体となった集落と考えられる。

支群C・Dの二三・三〇号墳は、時期的には古墳群の西方約四〇〇メートルにある五世紀後半のA遺跡と同時期であるため、関連する可能性がある。ただ、この二基の古墳が一連の首長墓系譜にあると想定した場合、B遺跡との結び付きも考えられる。一方、二七号墳の刀子・斧形石製模造品は精巧につくられ、臼玉も断面形態が算盤玉形を呈すなど、二三・三〇号墳の石製模造品とは形態的特徴が異なるため注意する必要がある。

支群Hはどうだろう。五世紀後半の一五・一三号墳あるいは九号墳などがあり、関連する同時期の集落は、前述したA遺跡である。両者から出土する剣形・有孔円板、臼玉の共通性からみても、A遺跡の石製模造品工房で製作されたものが副葬された蓋然性が高い。

正直 B 遺跡出土遺物

正直 A 遺跡 52 a 号住居出土遺物

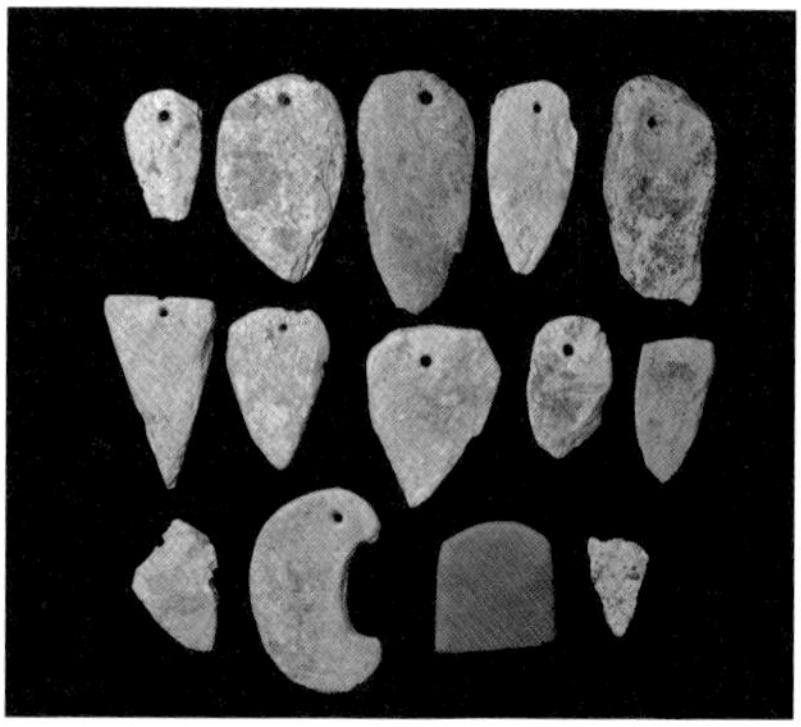

石製模造品工房想像図

図 32 ● 正直 B 遺跡・正直 A 遺跡出土遺物
正直 B 遺跡は 5 世紀前半を中心とする遺物が出土した。正直 A 遺跡は 5 世紀後半の集落で、石製模造品の工房が 2 棟確認された。

4　正直古墳群の推移

石製模造品の導入とさまざまな埋葬施設

石製模造品の導入は、二七号墳に埋葬された首長の死を契機とするものであった。その際、他地域からの工人の招聘や製品・石材の移動、あるいは情報の伝達などがあったであろう。

つぎの段階で首長が祭祀をとりおこなうようになると、その必要性から集落内で継続的に石製模造品を製作するようになったと考えられる。二七号墳の刀子形は関東地方の資料と直接対比できるのに対し、二三号墳と三〇号墳の刀子形は、他地域には類例がみられない独自の形態を呈しているのである。一方、臼玉や剣形・有孔円板といった単純な形態の石製模造品は、他地域と同じ変遷をたどっている。

こうしたことから、葬送および祭祀の道具として本格的に石製模造品を導入し展開する際、製作に関しての人的・技術的な交流などは、つねにおこなわれていたと考えられる。そして、刀子形のような複雑なものの製作については、当初は比較的忠実に模倣されていたものの、しだいに画一的な形態を求められることはなくなり、「刀子」と認識できるものであれば許容されるゆるやかな規範に変化していったのであろう。

一方、埋葬施設をみると、二一号墳や三〇号墳は木棺を直接据え付ける木棺直葬、二七号墳や一一号墳は箱式石棺である。また二三号墳は木炭槨、そして三〇号墳周溝内埋葬施設は礫槨で、木棺をおおう槨の構造となる。こうした棺・槨の構造の違いは階層差・出自の違いなどが考えられるが、まだ明らかになっていない。長大で仕切りを有する特異な構造の二七号墳石棺の出現契機も検討中である。

正直古墳群の構成と推移

古墳の墳丘規模は、被葬者の性格を反映する大きな要素となる。東日本の中期古墳群を検討する際、たとえば「隔絶した規模を誇る大型墳」と「小型墳」に大別され、小型墳の中でも、二一~三〇メートル級の古墳は中小の首長墳ととらえられる場合が多い。正直古墳群でも、二一メートル以上の古墳は、中小の首長墳と考えられる。

五世紀後半に顕著になる小規模墳が密集する支群Hは、五章で述べるように古墳時代中期における大きな社会変化のなかで生まれた有力家長層の墳墓に位置づけられる。支群Hは古墳が密集して築造される点からも、支群A~Gとの相違は明らかである。支群Hでは一一号~一三号・一五号墳が調査され、その築造時期は五世紀後半、近畿地方中央部では、大阪府藤井寺市の市野山《いちのやま》古墳や岡ミサンザイ古墳が築造されたころ、また群馬県では前橋市の舞台《ぶたい》一号墳や高崎市の保渡田八幡塚《ほどたはちまんづか》古墳が築造されたころで、支群A~Gの時期と重なりながらも相対的に新しいことがわかる。

以上のことをふまえて、正直古墳群の推移を考えてみよう。正直古墳群では調査された古墳は多くはないものの、それぞれの支群中、最大の古墳を調査できたことは幸いであった。支群A~Gのなかで出土遺物から築造時期のわかる古墳は、それぞれの支群で最大規模を誇る支群

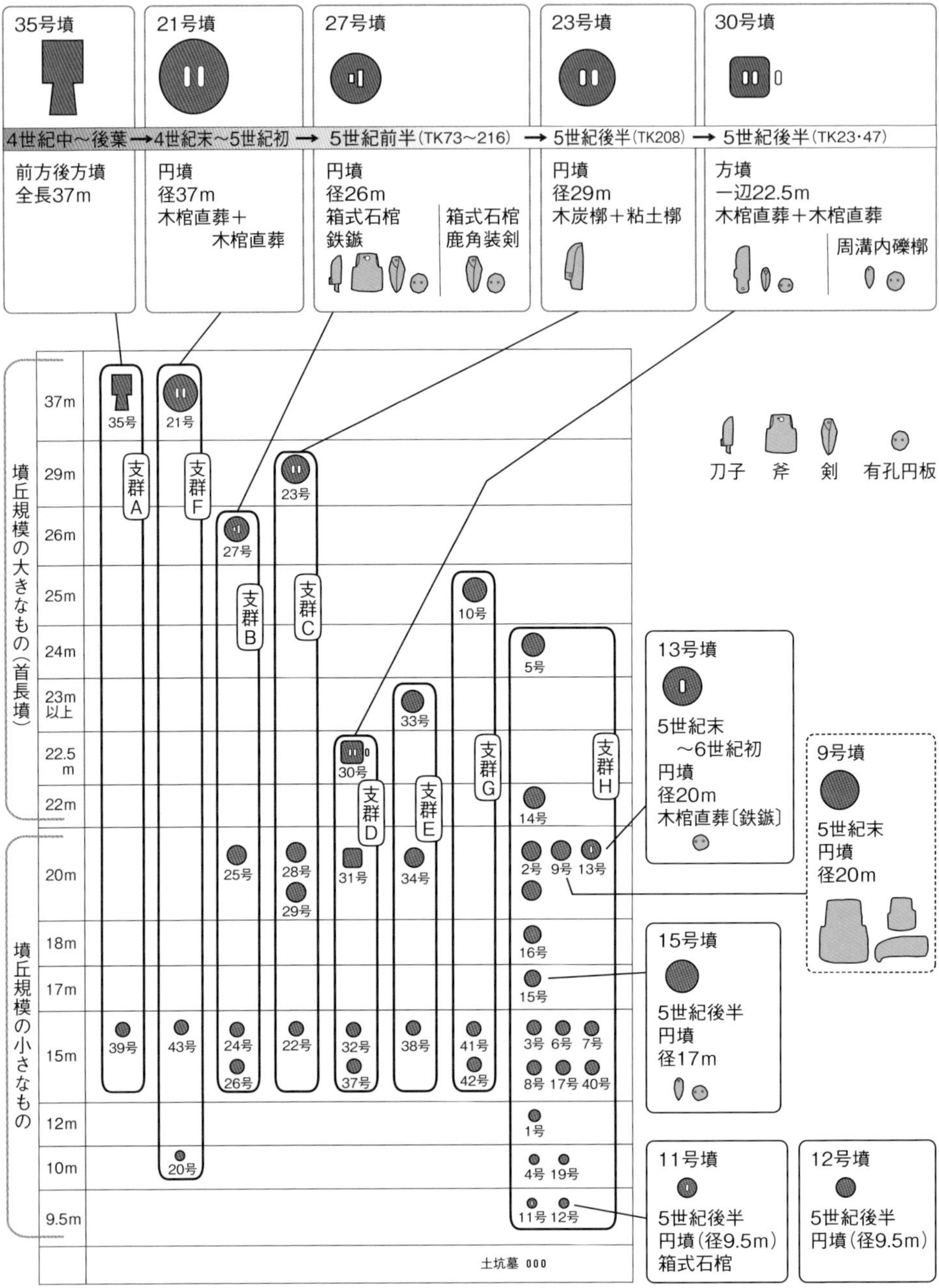

図33 ● 正直古墳群の構成と推移
石製模造品を使用した葬送儀礼が継続的におこなわれた。刀子形が使用されたのは、27・23・30号墳と支群中最大の古墳に限定されている。それらの古墳は首長墓あるいはそれに準じる古墳と考えられる。

Aの三五号墳、支群Fの二一号墳、支群Bの二七号墳、支群Cの二三号墳、支群Dの三〇号墳となる（図33）。また、A～Gのそれぞれの支群内における首長墳と他の古墳の規模に格差がみられる。そして時間の推移とともに徐々にその差は小さくなる傾向にある。

古墳群の築造契機となったのは四世紀中～後葉につくられた前方後方墳の三五号墳で、、それにつづく二一号墳は円墳だが、規模が大きく、築造時期は四世紀末から五世紀初頭と考えられる。副葬された石製模造品から二七号墳は五世紀前半、つづいて二三号墳と三〇号墳が五世紀後半につくられたのであろう。支群Eと支群Gは未調査のため、詳細は不明である。

時期の異なる首長墳に刀子形を代表とする農工具形石製模造品がともなうことから、正直古墳群の首長墳では石製模造品を用いた葬送儀礼が継続していたことがわかる。また、二七号墳の築造に端を発する石製模造品の導入期には定型的であった刀子形石製模造品が、地域独自の形態に変化していく点も明らかとなった。

以上、継続的に副葬された石製模造品を中心に、正直古墳群の推移をみてきた。次章では、正直古墳群と同じ時代の古墳築造の担い手となった人びとの集落や祭祀儀礼がどのように展開したかを中心にみていこう。

第3章　正直古墳群と同時代の集落

1　清水内遺跡

古墳時代中期の集落

郡山市の西方、東へ流れる南川の北岸の微高地に清水内《しみずうち》遺跡は広がる。水が豊富な地であり、近畿地方中央部発祥の水にかかわる祭祀が東北地方でもおこなわれていたことを明らかにした遺跡である（図34）。かつてこの場所は、南川と水田に囲まれた畑、雑木林があり、近所に住む筆者の小学校時代の遊び場の一つでもあった。

遺跡は二〇万平方メートルにおよぶと推定され、二四〇カ所で試掘調査（トレンチ調査）をおこなった結果、古墳時代中期を主体とする集落であることが判明し、保存が困難な場所については、一九九五～九八年の四年間にわたり発掘調査を実施した。

清水内遺跡で集落が営まれたのは、古墳時代から奈良・平安時代にかけての時期である。竪

（東より）

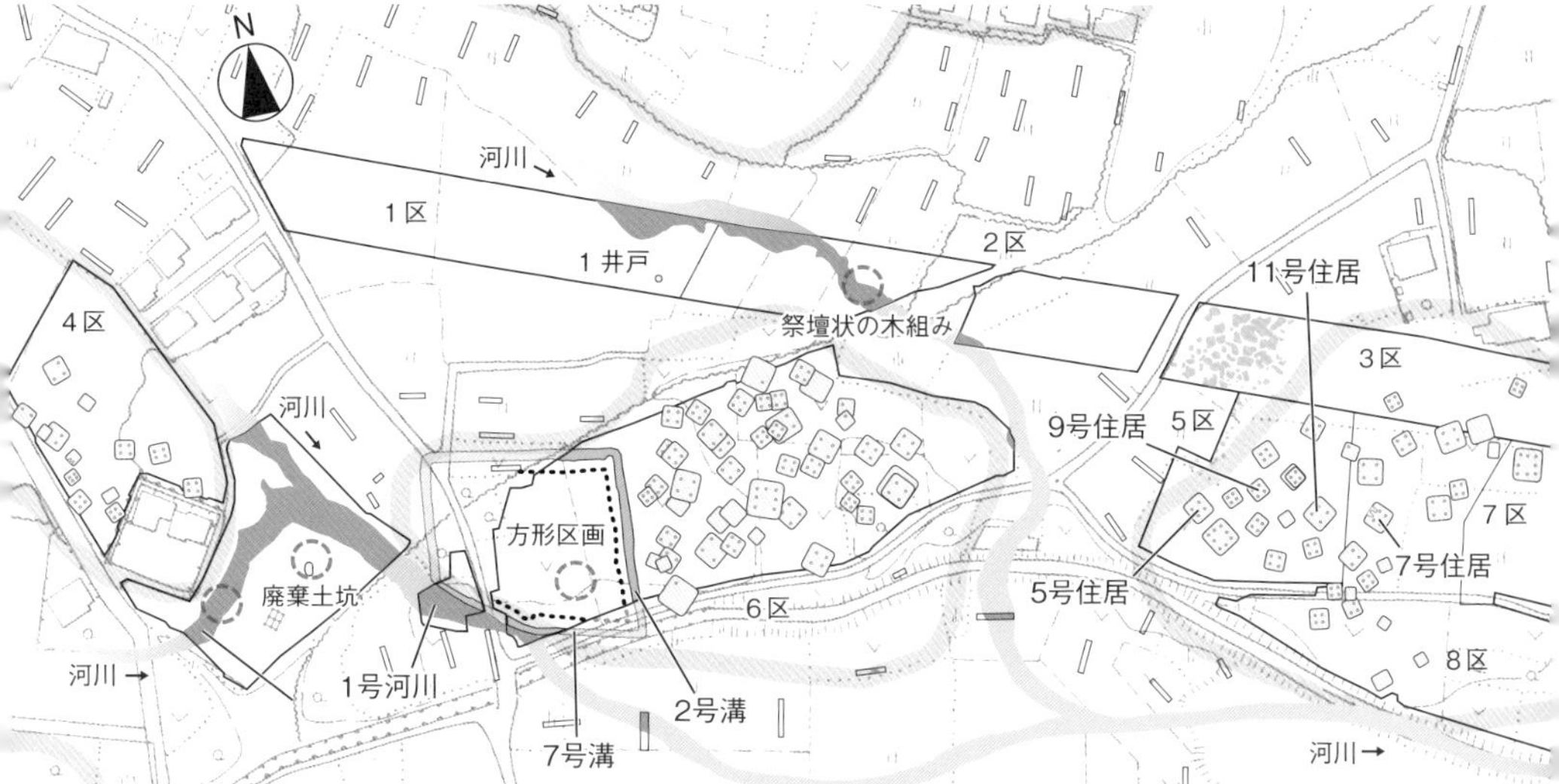

図34 ● 清水内遺跡
遺跡は、周囲に水田が広がる微高地上にある。正直27号墳と同時期の5世紀前半を中心とする集落。竪穴建物98棟、方形区画、祭壇状の木組み、祭祀の道具を捨てた土坑がみられる。

穴建物は一三一棟にのぼり、もっとも規模が大きかったのが、古墳時代中期にあたる五世紀第1四半期から第3四半期にかけての集落で九八棟の竪穴建物を発見している。

集落は、多くの竪穴建物、溝と柵で構成された一辺が五〇メートルを超える規模の方形区画遺構、水辺の祭祀がおこなわれた祭壇状の木組み、祭祀の道具を捨てた土坑、土器をつくるための粘土を採掘した土坑などがみつかった。

一～九区の地区ごとに分けておこなわれた発掘調査によって明らかにされた正直古墳群と同じ時期の集落は、どのような人びとによって営まれていたのだろうか。

川の中の祭壇の発見

五世紀初頭にはじまる清水内の集落は、まず微高地の中央に竪穴建物が建てられた。この集落遺跡の北側、もとは水田が広がっていた場所（二区）で、幅四・五～六・五メートルの河川の跡がみつかった。その河川跡を掘り下げていくと、北東の岸から河川と平行に三本の丸材を検出し、隣接して未加工の木の幹が五本出土した。清水内という地名からもわかるように湧水が多く、遺物の量も多いことに悩まされながら精査していると、丸材の下位に打ち込まれた杭がみつかった（**図35**）。これにより川に木組みを設けていることがわかるとともに、この木組みに隣接して川岸を直線的に整形しながらテラス状に掘り込んだ部分も確認した。

木組み周辺から多量の土器が出土したことから、この施設は祭祀遺構と考えられた。祭壇状の木組み遺構は河川の北東岸にあり、河川の屈曲部をテラス状に掘り込み、集落のリーダーは河川の上流側を向く形で祭祀義礼をおこなったと想定される。

　この祭祀遺構から出土した多量の土器は、高坏と小型壺が大半を占め、五世紀第１四半期ごろのものである。その多くは破損していたが、意図的な破壊の痕跡は確認されていない。祭壇の腐朽・崩壊とともに河川に転落したのであろう。また、祭壇状の木組み遺構は、丸材などが平行に検出されており、廃絶時はそれらを押し流すほどの水量はなかった可能性が高い。

図35 • ２区河川の祭祀遺構と祭祀想像図（上）
テラス状に掘りくぼめられた平坦面の上流側に、祭壇状の木組みがつくられ、祭祀がおこなわれた。５世紀第１四半期。木材の周辺からは高坏と小型壺が多数出土した。

謎の方形区画

遺跡中央やや西寄りの調査区（六区）では多数の竪穴建物がみつかっている。その西側で溝と柵列による方形区画遺構が確認された（図36）。

溝の幅は二・四〜二・九メートルで東辺の二号溝は南端が調査区外へのび、推定の長さ五一メートル。南辺の七号溝は一号河川との合流点で河川と平行になるように屈曲し、さらに西側にのびていることがわかった。

方形区画遺構の内側では、区画溝の二・七号溝に沿って柵列が確認された（図37）。柵列はまず一五〇〜一七〇センチ前後の間隔で、径一二〜一五センチのコナラの丸太材を六〇〜七〇センチの深さに埋め、柱と柱の間に溝を掘り、内部に割材を隙間なく埋設していた。この割材は断面が三角形で、切断した丸太を縦方向に中心から放射状に割ったものを使用していた。柵列の高さを復元すると、二メートルを超えるだろう。

図36●方形区画遺構（上が北）
南北が推定51m、東西は55〜60mの方形区画遺構。内部に建物の痕跡はない。土器の年代から5世紀第2四半期に機能していた施設である。

七号溝内側の二号柵列は、溝と平行になるように折れ曲がるものの、単純に屈曲するのではなく、幅一・五メートルほどの食い違いがみられる箇所があった。方形区画遺構の東西の規模は五五〜六〇メートルを想定しており、この柵列が食い違う箇所は、ちょうど南辺の中間地点に位置することから、出入り口の可能性がある。

この方形区画遺構の内部では建物がみつかっていない。建物を構築した場合、なんらかの痕跡が残るはずである。当初から建物はなく、居住スペースをともなう居館の可能性は否定せざ

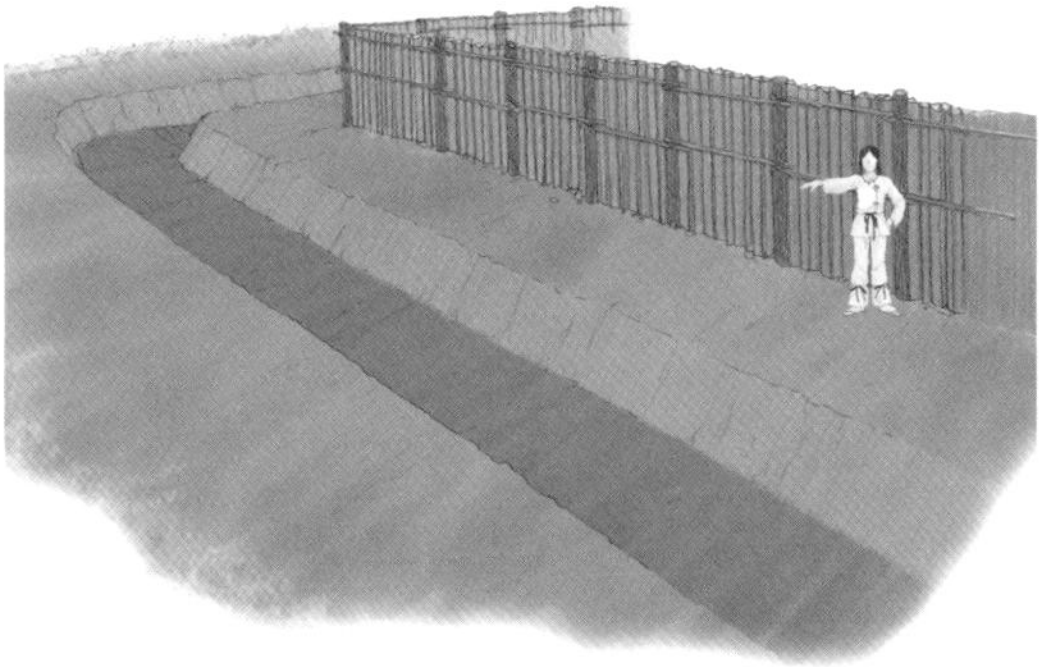

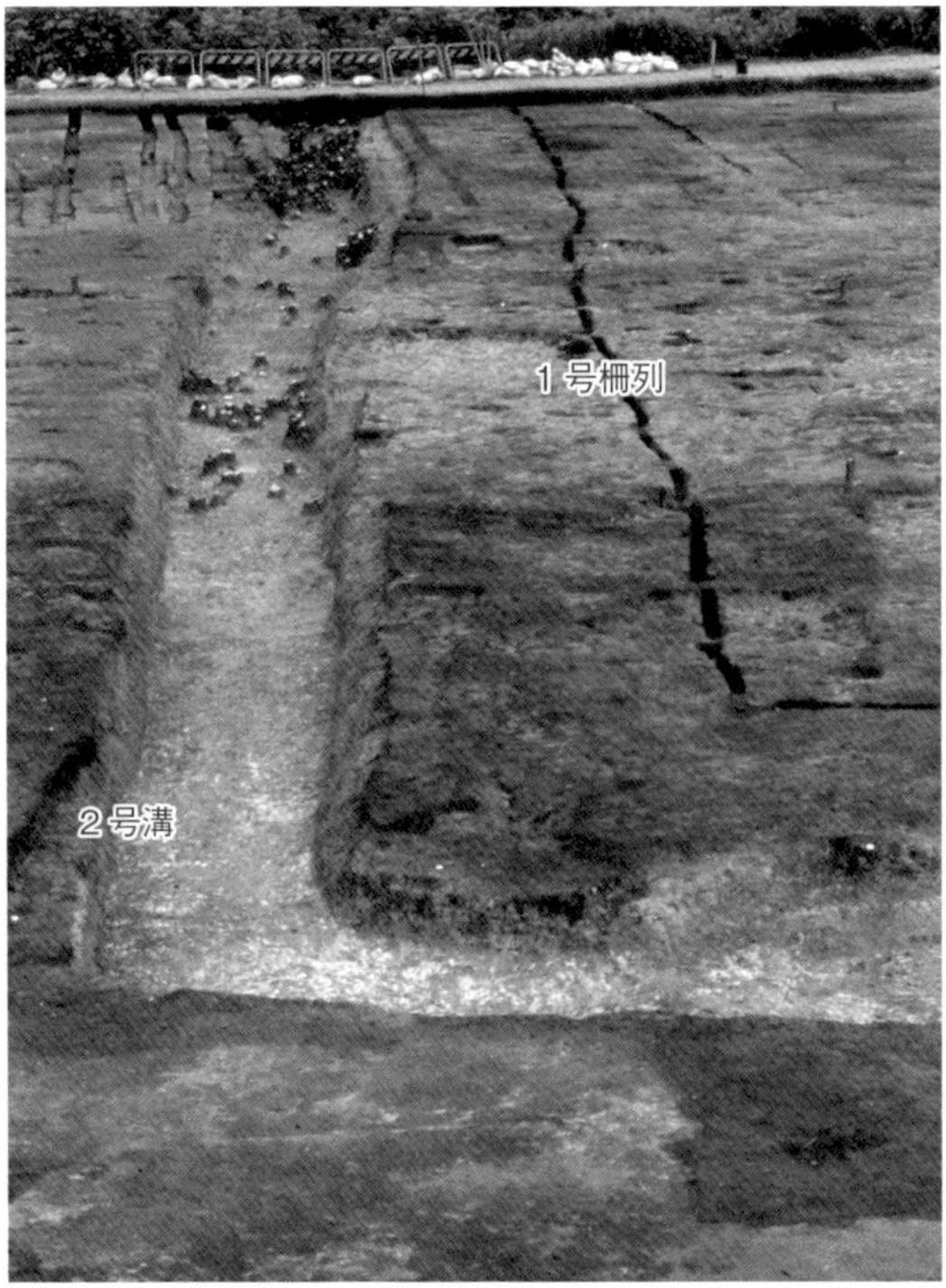

（北より）

図37 ● 方形区画遺構の柵列
150〜170cmの間隔でコナラの丸太材を据え、その間に割材を隙間なく埋設している。当時の地表面を考えた場合、柵の高さは、2m前後と推測される。

るをえなかった。では、なんのための施設なのか。そのヒントは溝から出土した多量の土器にあった。

方形区画の南東付近の溝を掘り下げると、土器が多数出土した。これらの土器は、方形区画の柵列側から流れ込んだような状態を示していた。そのため、方形区画内部に土器の集積があったと考えられ、方形区画が機能を終えた後に、土器が流入したと想定される。また手捏《てづく》ね土器を含むことからも、祭祀性の高い空間であったと考えられる。土器の特徴から、方形区画は五世紀第2四半期ごろに機能したと考えられる。

河川屈曲部の祭祀空間

調査区のもっとも西側の四区では河川の合流部がみつかった。この付近も湧水が顕著で、とくに大雨の後は調査区が水没するほどで、調査を中断することもたびたびであった。

一号河川と一号河川屈曲部南東側にある倒木跡を利用した廃棄土坑（**図38**）からは、石製模造品がみつかった。

図38 ● 廃棄土坑から出土した大量の土器（4区廃棄土坑）
倒木跡の窪みには、祭祀に使用された土器と石製模造品が多数捨てられていた。
いずれも5世紀第2四半期と考えられる。

片面に鎬が表現される断面三角形の剣形、そして単孔円板と双孔円板である（図39）。形態および石材の特徴も共通する部分が大きく、近い時期のものである。形態的特徴などから、その製作年代は五世紀第２四半期と考えた。祭祀の具体的な内容は、推測の域を出ないが、水を対象とした祭祀であろう。この河川の合流地点にあたる空間には、竪穴建物がみられないことから居住空間ではなく、祭祀性の高い空間といえる。

水辺の祭祀

古墳時代における水にかかわる遺構は、おおむね二つに大別可能で、その一つは三重県伊賀市の城《じょ》之《の》越《こし》遺跡の湧水とそれにともなう人工の施設でおこなわれた祭祀や、大阪府八尾市の小《こ》阪《さか》合《あい》遺跡の自然流路でおこなわれた祭祀である（図41）。

もう一つは、奈良県御所

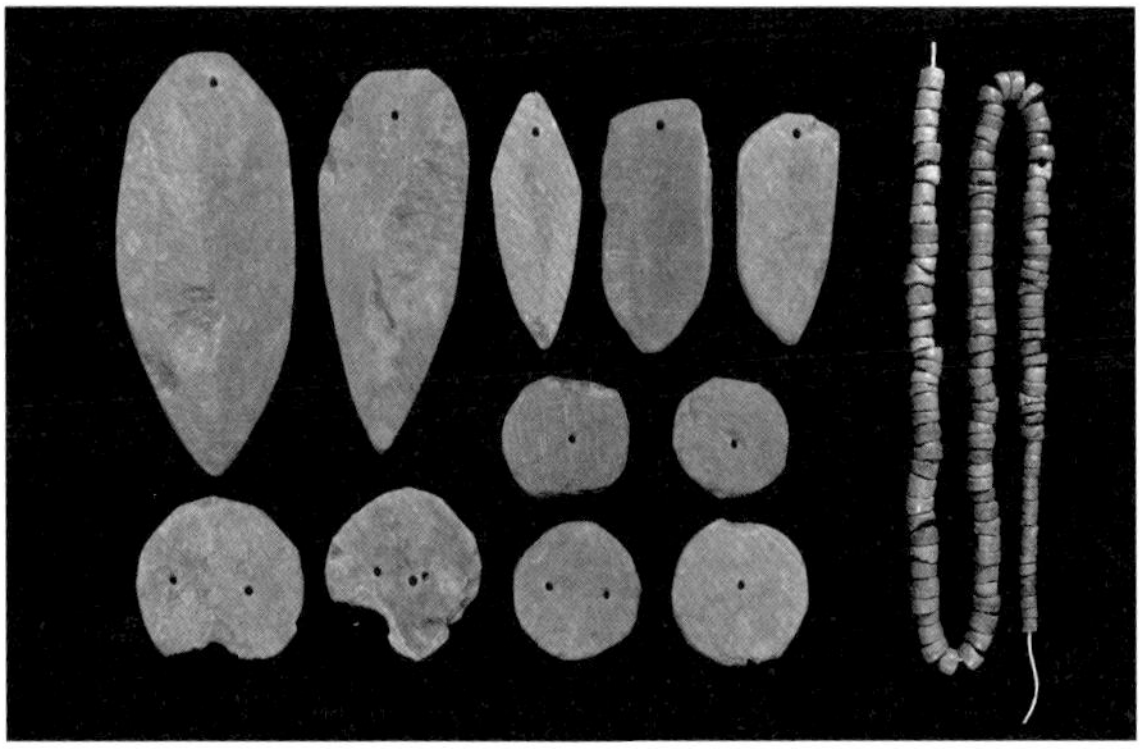

図39 ● ４区廃棄土坑から出土した石製模造品
剣形は中ほどに鎬が表現され、断面形は三角形である。鏡をかたどった有孔円板は１孔と２孔のものがみられる。

図40 ● 水辺でおこなわれた祭祀の想像図
祭祀には農耕や日々の生活に不可欠な水への感謝、水害などの災厄の除去など、さまざまな目的があった。付近に竪穴建物はみられず神聖な空間だった。

市の南郷大東《なんごうおおひがし》遺跡や滋賀県守山市の服部《はっとり》遺跡などで確認された貯水池・木樋《もくひ》・覆屋《おおいや》などをともなう導水施設である。

五世紀代の祭祀遺跡のうちもっとも多いのが河川や池沼といった水辺に立地するものである。笹生衛は、「神や貴人の飲料水の系統」と「地域の灌漑用水の系統」という二系統の祭祀があるとし、列島各地でヤマト王権から供与された品々を捧げ、共通した祭式による祭祀をおこなう形が成立し、それとともに低地の開発も進められたとする。こうした視点は、清水内遺跡出現の背景を考えるうえで、教えられるところが多い。

後述するように、清水内遺跡は出現当初より鉄器加工がおこなわれており、それを基にした低地の開発に重きをおいていたふしがある。では、この遺跡を残した人びとについて出土遺物から考えてみよう。

図41 ● 小阪合遺跡の祭祀遺構と出土遺物
古墳時代前期後半の河川跡から多量の祭祀遺物が出土し、自然流路の脇で祭祀がおこなわれていたと考えられる。

2　清水内遺跡に住んだ人びと

特定の竪穴建物に集中する希少遺物

調査区中央部やや東寄りの五区一一号住居では、つぎからつぎへと土器が出土した（図42）。とくに高坏が多く、坏部を壁側に向け並べたような状態で出土している。これらの土器とともに、鏃身部が剣身形を呈す短頸鏃、鎌、鏨《たがね》などの鉄製品が出土した。そして特筆すべきものに、紡錘車形石製品があった。側面を階段状に加工し、表面は平滑に仕上げている（図43）。福島県内では、会津若松市の会津大塚山古墳北棺から四段の平坦面をもつ紡錘車形石製品が出土している。

さらに八区七号住居からも希少遺物が集中して出土した。有文紡錘車は、鋸歯文を施しその内側と外側に列点を施している（図45）。また石製勾玉と緑色凝灰岩製と思われる管玉も出土している。さらに短茎で三角形を呈する鉄鏃もあった。

このように、特定の建物からほかの建物ではみられない鉄製品・石製品などが出土した。こうした遺物は、威信財としての性格をもっていたのではないだろうか。

図42 ● 5区11号住居の土器出土状態
竪穴建物の壁際からは、多数の土器が出土した。高坏、壺、甕が口縁部を壁際に向け横倒しとなっていることがわかる。

鍛冶遺構

東北地方に明瞭な形で鍛冶遺構がみられるようになるのは五世紀前半のことで、清水内遺跡では七棟の竪穴建物から鍛冶の痕跡が確認された。その内容は東北地方の同時期の遺跡と比較しても豊富である。

五区九号住居では建物中央部に鍛冶炉があり、そこに向けられた鞴《ふいご》の羽口《はぐち》と、床に据えられた鉄床石《かなとこいし》がみつかった（**図44**）。周囲からは、鉄素材を溶かした際に生じる不純物の鉄滓や、鉄を加熱して叩く際に飛び散る鍛造剥片も出土してお

紡錘車形石製品（直径 4.95 cm）

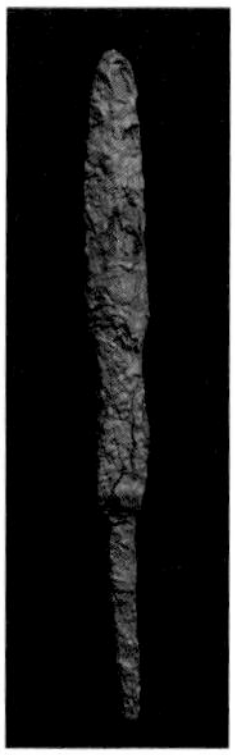

鉄鏃
（長さ 11.8 cm）

鎌（長さ 11.6 cm）

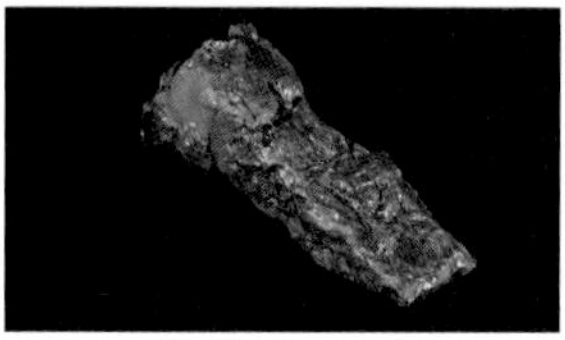

鑿（長さ 5 cm）

図43 ● 5区11号住居出土遺物
側面を階段状に加工した紡錘車形石製品や鏃身部分が剣身形をした短頸鏃、鎌、鑿などの鉄製品が出土した。壺の中には、焼成後に穿孔されたものがある。

り、作業の場を具体的に復元できる。

清水内遺跡と同じく五世紀前半に鍛冶がおこなわれた遺跡には、東北地方では福島県白河市の三森《みもり》遺跡や宮城県多賀城市の山王《さんのう》遺跡がある。これらの遺跡は、いずれも方形区画遺構を有し地域の拠点となるなど共通性がある。また、近年調査された山形県山形市の中《なか》野目《のめ》Ⅱ遺跡からも鍛冶工房が確認された。なお、この時期の鞴の羽口はいずれも高坏の脚部を転用したもので、専用性が低い点も共通している。

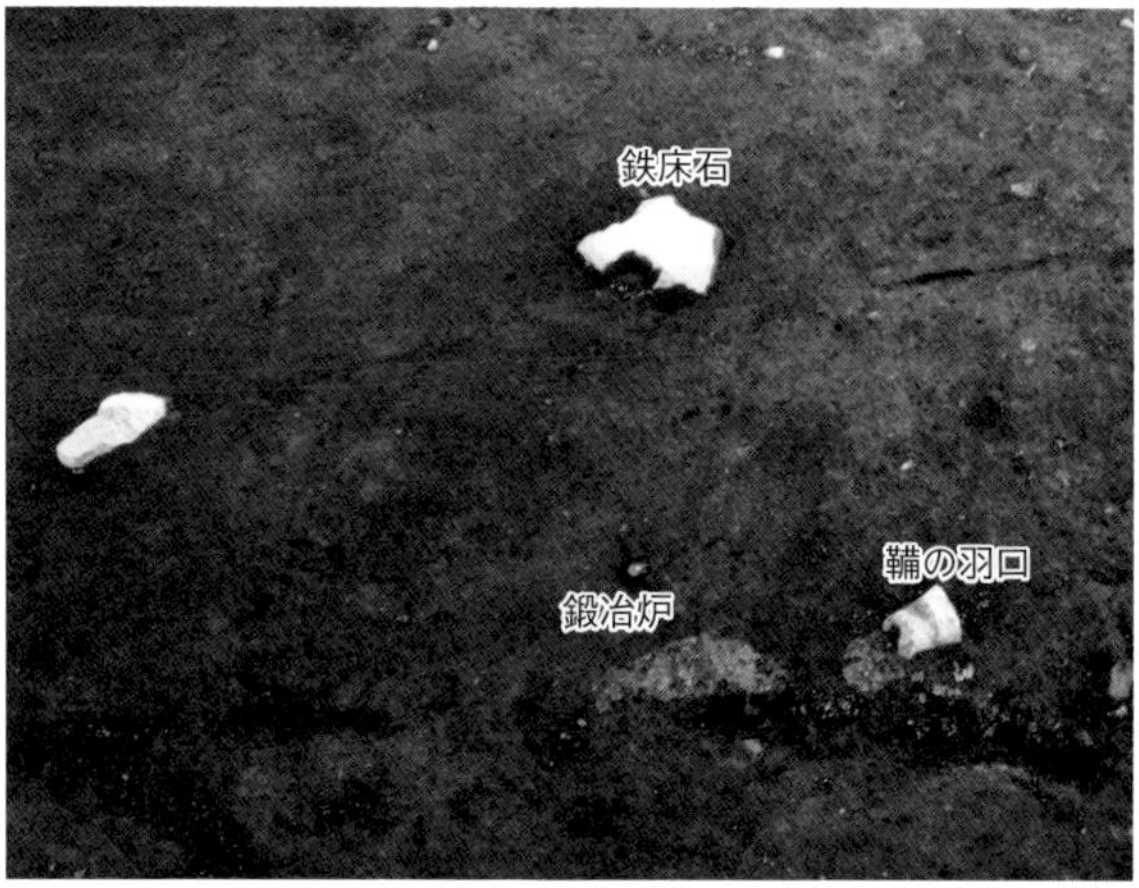

鍛冶遺構

鉄滓

鍛造剥片

鍛冶の想像図

鞴の羽口

図44 ● 5区9号住居の鍛冶遺構と出土遺物
清水内遺跡では5世紀前半から鍛冶がおこなわれていた。東北地方では三森遺跡と並んでもっとも初期のもの。鞴の羽口は高坏の脚部を転用したもの。

算盤玉形紡錘車

清水内遺跡では、麻や絹などの繊維を糸にする際に使用する紡錘車が一〇点出土している。五区五号住居を調査していると、断面が算盤玉形の土製の紡錘車が出土した(図45)。算盤玉形の紡錘車は、おもに朝鮮半島で出土することから渡来系遺物の一つとされる。国内出土のものも、かつては朝鮮半島で製作され、舶載されたものと考えられてきたが、近年では国内で製作されたとする説が有力だ。

算盤玉形紡錘車の分布の中心は、大阪府から岡山県にかけての地域と福岡県で、これ

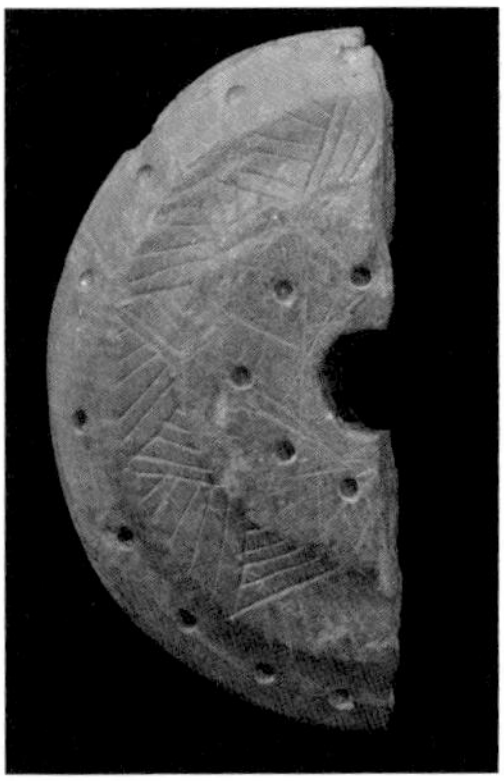

8区7号住居出土有文紡錘車（直径 5.0cm）

5区5号住居出土算盤玉形紡錘車（直径 4.8cm）

糸紡ぎ想像図

図45 ● 算盤玉形紡錘車の出土遺跡
算盤玉形紡錘車の分布の中心は、大阪府から岡山県にかけての地域と福岡県で、初期須恵器の生産や流通ルートとかかわりをもつ。現在まで四十数遺跡で確認されている。

まで四〇を超える遺跡で出土している。これらの遺跡は、初期須恵器の生産や流通ルートとかかわりをもち、算盤玉形紡錘車と初期須恵器の生産は密接な関連をもつと考えられている。

亀田修一は、算盤玉形紡錘車をはじめとする渡来系遺物の出土状況について西日本と東北地方の資料を比較し、北へ向かうにしたがって量も少なく、変容したものが多いことに注目している。そこから東北地方における渡来人は、渡来人一世ではなく、日本に渡りしばらくたって再移住した渡来人、ないしその子孫の可能性が高いと述べており、清水内遺跡の紡錘車も渡来人の子孫の製作による可能性を考えるべきであろう。

3　清水内遺跡の展開と正直古墳群

清水内遺跡の変遷

清水内遺跡の展開を主に祭祀の変遷からみていこう。

Ⅰ期（五世紀第1四半期）　西から東へ流れる小河川沿いの微高地上に集落が出現する。河川で祭壇状の木組みがつくられ、水を対象とした祭祀がおこなわれた。この時期は、水を対象とした祭祀が各地でみられる時期でもある。遺跡は水が豊富な場所にあり、こうした地形が集落の選地につながった。低地の開発には鉄器が必要であるため、鍛冶技術も当初から導入されていたか、あるいは鍛冶技術を有する集団が集落を形成したと考えられる。

Ⅱ期（五世紀第2四半期）　祭祀の場と考えられる方形区画遺構が出現する。継続して水辺での祭祀がおこなわれる一方、石製模造品という新たな祭祀遺物の導入がはかられ、方形区画西側の空間で祭祀がおこなわれる。竪穴建物の分布および祭祀の場から、集落の中心そして祭祀の場がともに西側へ移動していることが明瞭である。

Ⅲ期（五世紀第3四半期）　集落が大きく変化する時期で、集落の中心が西側へ移動する動きはさらに鮮明となる。しかし、鍛冶遺構は継続して遺跡中央部に分布する。一方、水辺付近での祭祀は確認されていない。そして竈《かまど》の導入と食器組成の変化など、さまざまな面で大きく変化している。

正直古墳群とのかかわり

清水内遺跡の重要性の一つは、五世紀の文物に反映される文化的・社会的変革がコンパクトに認められる点にある。さらにこうした要素が、集落の推移するなかで動的にとらえられることは、東北地方において特筆すべきものといえる。

清水内遺跡を残した人びとと正直古墳群に葬られた人びととの直接的なかかわりは得られていないものの、石製模造品を介しての結びつきが考えられる。これまでのところ、当地における石製模造品の石材産出地は郡山盆地南東部の丘陵上に限られ、工房跡も丘陵上の集落にのみみられる。そのため、正直古墳群周辺の集落で製作された石製模造品が清水内遺跡に持ち込まれた可能性があるからだ。

次章では、正直古墳群を考えるうえで重要な、二つの遺跡をとりあげよう。

第4章　大安場一号墳と建鉾山祭祀遺跡

1　大安場一号墳

新発見の古墳

大安場一号墳は一九九一年に発見された古墳時代前期の大型前方後方墳で（図46）、正直古墳群から北東方向約一・五キロにある（図2参照）。正直古墳群の出現を考えるうえで、この古墳の調査は、必要不可欠なものであった。なぜなら、大安場一号墳が正直三五号墳より先に築造されたのなら、正直三五号墳へと首長墳の変遷が考えられるが、二つの古墳が同じ時期ならば、異なった集団がそれぞれ墓をつくり、それぞれの被葬者に上下の階層がみられることになる。その位置づけによって、両古墳の築造された背景が変わってくるからだ。

大安場古墳群調査の指揮にあたったのは、郡山市埋蔵文化財発掘調査事業団の柳沼賢治であった。その傍らで調査に携わった筆者の視点から、調査の際に生じた課題を中心にみていこう。

古墳か否か

大安場古墳群のある一帯は中世の館跡があり、当初は本当に古墳なのかという指摘もあった。そのため一九九五年に測量調査がおこなわれ、一号墳は北から南にのびる丘陵上に、後方部を南側に向けた東北地方最大級の前方後方墳である可能性が高まった。

しかし、測量図のみから墳形や規模を確定するには慎重にならざるをえない。形のよい部分では全長八〇メートルとなるが（A案）、後方部にあたる部分のもっとも外側の傾斜変換部分から測ると一〇〇メートルを超えるとともに、南東裾と考えられる墳端が弧を描いているため、前方後円墳の可能性も残されていた（B案）（図46上）。それまで全長九〇メートルとされてきた東北地方のもっとも著名な前期古墳である会津大塚山古墳が、一九八八年の再測量の結果、全長一一四メートルに規模が変更されたことも考慮された。

古墳の規模と形態を明らかにするには十分な情報が必要であり、さらに構築方法、埋葬施設や詳細な年代を確認することも目的として、一九九六年に第一次調査が実施された。

腕輪形石製品の出土

第一次調査の終盤、後方部の墳頂平坦面で埋葬施設の確認作業がおこなわれた。表土をとり除くと、長さ一〇メートル・幅二メートルの範囲に、内側が暗褐色土、その外側に粘土の輪郭があらわれた。長大な木棺をおおった粘土槨の上部であった。内側の暗褐色土は木棺の陥没にともなう流入土と考えられた。粘土と暗褐色土の境を確認する作業をおこなっていたところ、

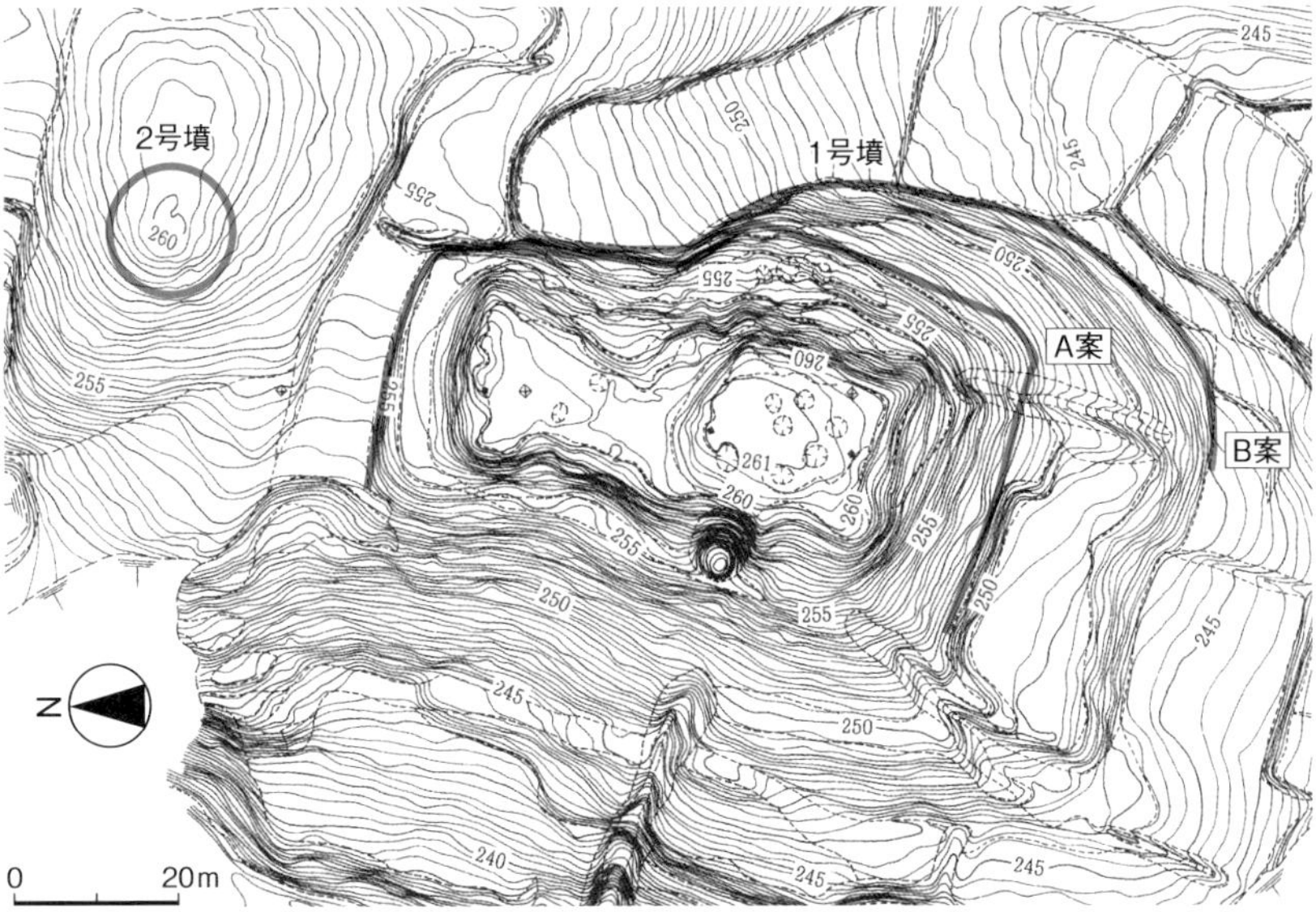

図 46 ● 大安場古墳群と大安場 1 号墳
下は 1 号墳全景（北西より）。当初、形のよい部分での全長 80 m の A 案と、もっとも外側の 100 m を超える前方後円墳の B 案が示された。

木棺底面付近と考えられる位置から、淡い緑色をした石製品が顔をみせた。腕輪形石製品（図47）が出土した瞬間であった。出土した腕輪形石製品は、石釧のように円形だが、環帯幅が広いという車輪石の特徴も備えていた。

埋葬施設の調査

翌九七年、第二次調査は前年に確認した粘土帯の確認作業からはじまった。そして、第一次調査で想定されたとおり、内側の暗褐色土は木棺の腐朽にともなう流入土であり、外側の粘土は短軸の断面形がU字状となる粘土槨の一部であった（図48）。

墳丘は中世に館跡として利用されたため墳頂部は上部が削られており、埋葬施設全体の構造を明らかにすることはできなかったが、木棺の構造とともに出土遺物の情報は得られている。もっとも注目を浴びたのが、前年に出土した腕輪形石製品である。棺の中央やや南には大刀・剣・槍といった武器類が、さらに南からは直刃鎌・短冊形鉄斧などの農工具類が出土した。埋葬施設からは人骨がみつからず、被葬者に関する直接の情報は得られていない。副葬され

図47 ● 大安場1号墳埋葬施設出土の腕輪形石製品
石釧のように円形でありながら、環帯幅が広いという車輪石の特徴も備えている（直径9.1cm）。

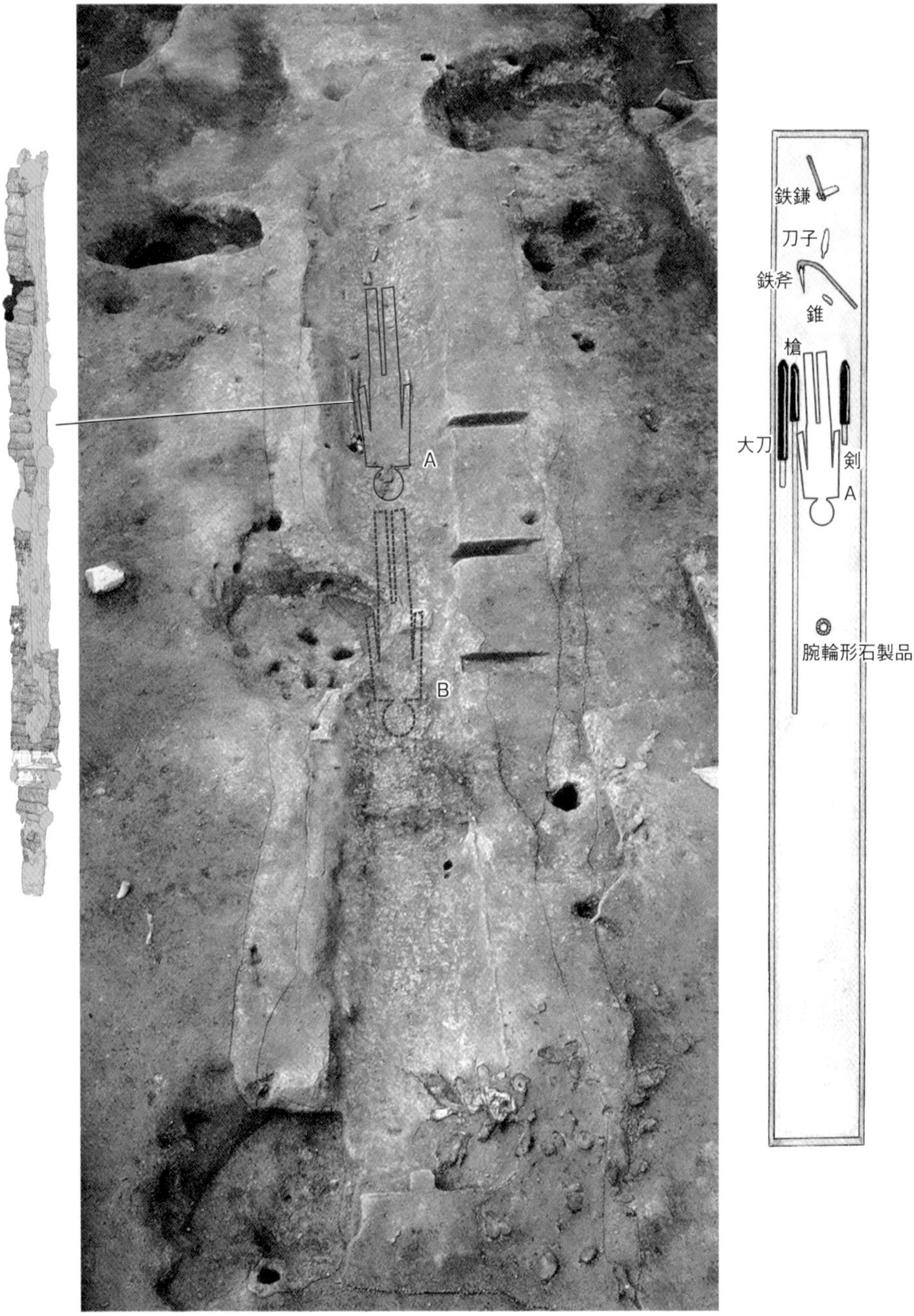

図48 ● **大安場1号墳の埋葬施設全景**（上が南）
大刀と剣の間に1人の人物が埋葬された（A）。腕輪形石製品の出土した位置を人物の右腕付近と考え、もう1人の人物（B）が埋葬されていたとする想定も可能である。

た武器の間に一人が埋葬されたことは、まず間違いない。そして棺の北寄りの位置には水銀朱の散布がある。その部分を頭部とした場合、腕輪形石製品の位置は、右腕付近となり、もう一人が埋葬されていた可能性もある。被葬者が一人か二人かは、調査から二十数年たった今も、なお結論の出ない問題となっている。

本当に前方後方墳なのか?

墳丘には樹木が生い茂り、調査の前半は木々の間をぬうようにトレンチが設けられていた。そのため、測量図から墳形は前方後方墳と想像できたものの、墳丘全面を範囲とする樹木の伐採がおこなわれてはじめて、古墳の形と大きさを実感できた(**図49**)。

前述したように、全長一〇〇メートルを超える規模の前方後円墳の可能性も残されてい

図49 ● 前方後方墳と確定した大安場1号墳
第2次調査の後、墳丘全体の伐採がおこなわれ、ようやく古墳の全体像が明らかとなった。

たが、弧を描いている南東裾に盛り土や掘削などの人為的な痕跡はなく、自然地形であることが確認され、全長八三メートルの前方後方墳であることが確定したのである。

二種類の壺

発掘調査が進むにつれ、各トレンチでは土器がつぎつぎと出土した（図50）。墳頂部に置かれた土器が崩落したものと予想されたが、墳頂部は削平されていたため、本来置かれた状態を探る直接の手がかりを得ることはできなかった。

出土した土器は、底部が穿孔された壺形土器で、球形を呈する胴部から口縁部は長くゆるやかにのびる。口縁部の形態は二種類確認された。一つは口縁部が段を形成する二重口縁壺、もう一つは、口縁部の外面に粘土紐を縦方向に付けた、棒状浮文とよばれる文様がつけられた壺形土器である。

これらの土器は、大きさや形が酷似するものはみられない。埴輪工人が専門工房でつくったような規格品ではない。おそらく、集落の人びとがつくったものであろう。ある程度の規格は共通しているので、基本となる情報を共有したうえで製作されたと想像

図50●大安場1号墳出土の底部穿孔壺
左は二重口縁壺、右は口縁部に棒状浮文のついた壺の出土状態。

できる。

復元された大安場一号墳

すでにふれたように、中世に館として利用されたため墳丘は、大きく改変を受けていて、築造当時の姿の復元は予想以上に困難であった。それでも、これまでの調査成果により、南へのびる丘陵の尾根を最大限に利用し、後方部の主軸がわずかに南西方向に傾く特徴的な形態であることが明らかとなってきた。

以上のような調査結果を踏まえて、前方部二段、後方部三段、全長八三メートルの前方後方墳の大安場一号墳が復元された（**図51**）。その築造年代は、正直三五号墳とほぼ同じ古墳時代前期後半（四世紀）である。

図51 ● 大安場1号墳の復元図
丘陵の地形を最大限に活かした墳丘。尾根を切断し、独立した墳丘とするため、前方部先端を掘削している。

丘陵上の集落

大安場古墳群と同じ丘陵では、五世紀後半の集落が多数調査されている（**図2参照**）。南山田《みなみやまだ》遺跡では鍛冶工房二棟を含む竪穴建物八〇棟が確認された。丘陵先端にある直径一三メートルの円墳、南山田一号墳からは、石製模造品とともに陶質土器の可能性が高い小型把手付脚付壺、把手を有する多孔の甑など朝鮮半島に由来する遺物が出土し（図52）、朝鮮半島系の遺物を入手できる人物が埋葬されていた。永作《ながさく》遺跡でも鍛冶工房を含む竪穴建物が三〇棟確認され、石製模造品工房では滑石の原石や剥片が入れられた椀坏が折り重なって出土した（図53）。

さらに北山田遺跡、先述した正直A遺跡なども含め、郡山盆地南東部では、鍛冶工房や石製模造品工房をともなう五世紀後半の集落の様相が明らかとなっている。また遺跡群の東方には滑石・蛇紋岩の産出地があり、石製模造品の材料となる原石はそこで採取され、各集落に運ばれた。正直古墳群の周囲には、こうした集落がいくつも営まれていた。

図52 ● 南山田1号墳出土の甑（左）と小型把手付脚付壺（右）
牛角状把手で底部が多孔となる甑と、朝鮮半島の陶質土器に酷似する小型壺は、1号墳の周溝から出土した。

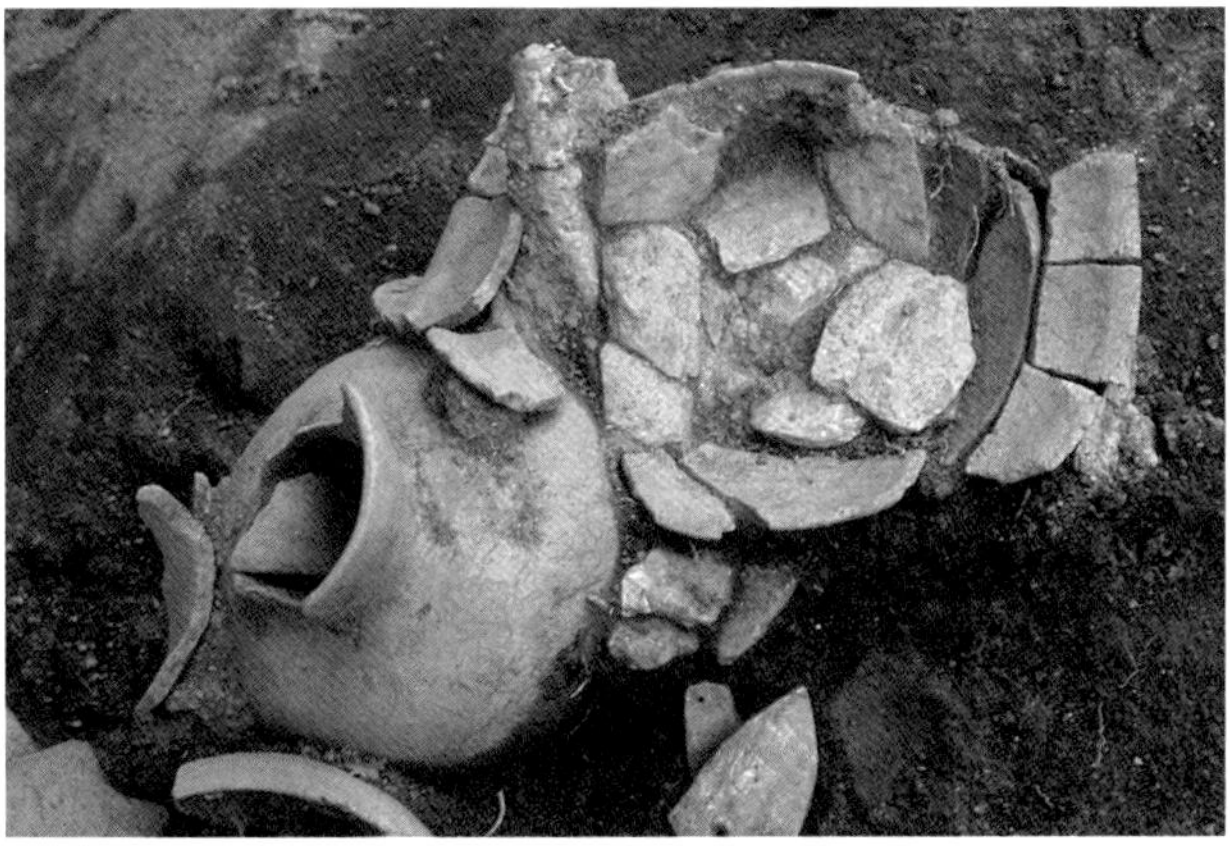

図53 ● 永作遺跡の石製模造品工房における遺物出土状態
滑石の原石、剥片は複数の椀坏の中に、大型のもの、中型のもの、小型のものと分けて入れられていた。

2 建鉾山祭祀遺跡

郡山市の南、栃木・茨城両県境に近い福島県白河市表郷《おもてごう》の建鉾山《たてほこやま》は、武鉾山・高鉾山・高野峯山・尊登山などの別称や古称をもち、ヤマトタケルが山頂に鉾を建てて神を祀ったという伝説が残る（図54）。

この秀麗な山から、西日本の主要な祭祀遺跡を凌駕するほど大量の石製模造品が出土した。建鉾山祭祀遺跡である。遺跡の北面は東流する阿武隈川の支流、社川《やしろがわ》が沖積面を形成し、山頂との比高は約一〇〇メートルである。

山の頂上には「建鉾石」とよばれる高さ一メートルほどの岩があり、登山道からはずれた北側の山腹には幅一〇メートルを超える巨岩がひっそりとたたずむ（図55）。この巨岩から下方は谷状地形を呈し、四〇メートルほど北側に降りた、かつて「御宝前」とよばれた地点に一〜三メートルの岩が点在している。こうした岩が、信仰の対象となった磐座《いわくら》と考えられる。

図54 ● 建鉾山遠景（北東より）
円錐形の秀麗な山容を呈し、奈良県の三輪山とともに山の祭祀を代表する。
ヤマトタケル東征の際、山頂に鉾を建てて神を祀ったという伝説も残る。

図 55 ● 建鉾山山頂の「建鉾石」（上）**と中腹の巨岩**（下）
頂上に建鉾石、山腹に巨岩があり、裾部近くに大小の岩が点在する。こうした磐座の位置関係は、「神の宿る山」とされる三輪山の奥津磐座・中津磐座・辺津磐座を思い起こさせる。

膨大な量の出土遺物

福島県出身で全国各地の遺跡に足を運んでいた首藤保之助は、一九三八年に表郷の地を訪れ、建鉾山で石製模造品を多数採集した。それがきっかけとなって、首藤と親交のあった國學院大學の大場磐雄により一九三九年に調査がおこなわれる。その後、一九五八年と一九五九年に國學院大學の亀井正道により本格的な発掘調査が実施された（図56）。発掘調査は山裾にある一～三メートルの岩の周辺でおこなわれ、石製模造品や土器が多数出土した。

図56●國學院大學による調査（上）**と遺物出土状態**（下）
巨岩から下方は谷状地形を呈し、40mほど北側に降りた地点に点在する1～3mの岩の周囲が調査対象となり、石製模造品や土器が出土した。

図 57 ● 建鉾山祭祀遺跡出土の石製模造品
通常は古墳から出土する刀子形や斧形などが出土した。精巧なものから粗製のものまであり、そうした違いは時間差と考えられることから、継続して祭祀がおこなわれたことがわかる。

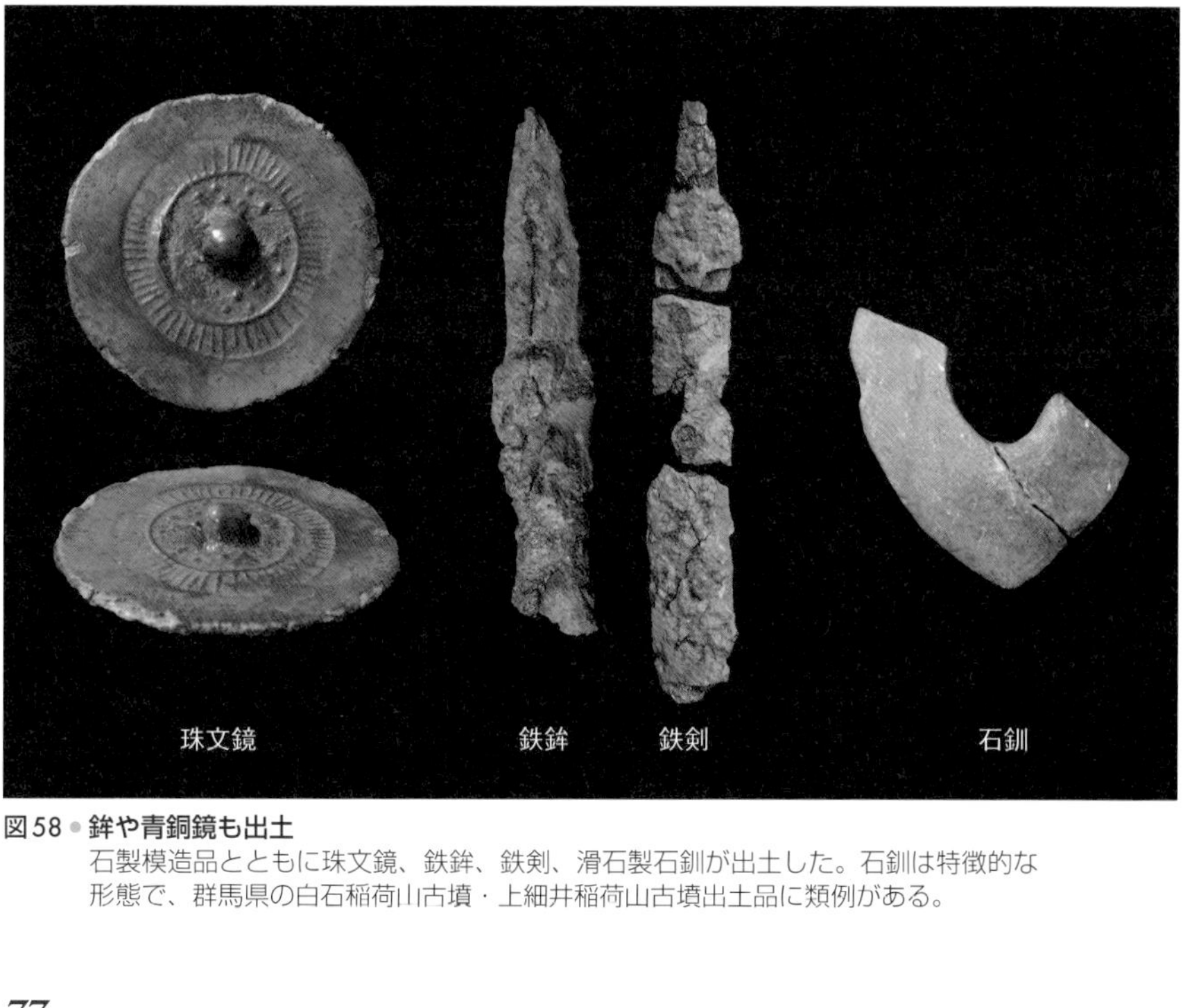

図 58 ● 鉾や青銅鏡も出土
石製模造品とともに珠文鏡、鉄鉾、鉄剣、滑石製石釧が出土した。石釧は特徴的な形態で、群馬県の白石稲荷山古墳・上細井稲荷山古墳出土品に類例がある。

建鉾山祭祀遺跡をもっとも特徴づけるのが、その膨大な量の石製模造品である（図57）。一九六六年当時の点数は、刀子形二九点、斧形二六点、鎌形一一点、剣形五六九点、有孔円板五一八点、鏡形二七点、勾玉二四点、臼玉二七八点などである。石製模造品が隆盛する五世紀において、建鉾山祭祀遺跡の出土量は多く、全国屈指の祭祀遺跡だ。通常の祭祀遺跡でみられるのは剣形・有孔円板・勾玉が基本であるが、古墳から出土する刀子形・斧形・鎌形を数多く含むことも特徴の一つである。出土遺物の中には、青銅鏡や石釧とともに鉄鉾も含まれており、建鉾山という名の由来を感じさせる鉾の出土は興味深いものであった（図58）。

祭祀執行者の居館

建鉾山の東約五〇〇メートルにある三森《みもり》遺跡は、一九九三～九五年に表郷村教育委員会により調査が実施され、建鉾山祭祀遺跡とほぼ同時期の五世紀に営まれた遺跡であることが明らかにされた。その内容は驚くべきもので一辺四六・五メートルの大型周溝と、二五×一八メートルの長方形周溝、二三・五×二〇・五メートルの長方形の柵囲遺構が発見された（図59）。大型周溝は首長の居館で、石製模造品が出土した長方形周溝・柵

図59 ● 三森遺跡の居館跡
大型周溝、長方形周溝、長方形の柵囲遺構が発見され、このうち長方形周溝内側の区画で石製模造品を使用した祭祀がおこなわれた。

囲遺構の内側は祭祀の空間である。

竪穴建物からは鞴の羽口、銅地金が出土しており、鍛冶をはじめとする金属加工技術を有していたことがわかる。さらに韓式土器など特徴的な遺物も多数出土した。

方形区画の「居館」、遮蔽施設による「祭祀の場」、鍛冶工房の「生産遺構」が確認された点は重要である。建鉾山祭祀遺跡の成立に、この居館の首長が重要な役割を担っていたことは間違いなく、祭祀の場と祭祀執行者の関係性が具体的に把握できる全国的にも稀な事例といえるからだ。

建鉾山祭祀遺跡出現の背景

建鉾山祭祀遺跡の出現は、五世紀前葉と考えられる。特徴的な刀子形石製模造品あるいは石釧は、群馬県藤岡市の白石稲荷山《しろいしいなりやま》古墳や前橋市の上細井稲荷山《かみほそいいなりやま》古墳などに類例があり、群馬県西部に系譜をたどることが可能である。建鉾山で石製模造品を使用する祭祀の導入を主導したのは群馬県の首長層であり、そこには石製模造品製作工人の派遣、製品の移動なども想定される。

建鉾山に拠点的な祭祀が出現したのは、いくつかの要因が重なったことによる。一つはその秀麗な山容にある。祭祀の場の選定に際し、建鉾山が偶然選ばれたのではなく、ヤマトにおける祭祀の拠点

図60 ● 建鉾山でおこなわれた祭祀の想像図

であった奈良県の三輪山を思わせる神奈備《かんなび》形の山容が選ばれたのだろう。点在する岩は磐座であり、その周辺でカミを祀る祭祀儀礼がおこなわれた（図60）。

東北地方への玄関口

祭祀遺跡および集落出土石製模造品の分布を概観すると、関東地方および近畿地方中央部に集中することがわかる（図61）。建鉾山祭祀遺跡は、那珂川《なかがわ》・久慈川《くじがわ》上流域と阿武隈川上流域を結ぶ地点にあり、栃木県・茨城県から東北地方へ向かう最初の地点にあたる。巨視的にみると山稜や分水嶺など東北への障壁近くにあり、両地域をつなぐ交通路上の要所に位置する。

こうした地理的特徴が同じような遺跡に、長野県・岐阜県の境にある神坂峠《みさかとうげ》祭祀遺跡、長野県と群馬県の境に位置する入山峠《いりやまとうげ》祭祀遺跡、そして、宮城県・山形県の境にある八幡山《はちまんやま》祭祀遺跡がある。これらの祭祀遺跡は、出土する石製模造品のなかに、基本的には古墳から出土する刀子形を含む点でも、建鉾山祭祀遺跡と共通する。

東北地方への玄関口に位置する建鉾山祭祀遺跡は、五世紀に近畿地方中央部から群馬県、そして東北地方へと至る内陸部のルートが重要視される歴史的背景のなかで成立した遺跡としてとらえられる。

石製模造品は葬送と祭祀の両方の儀礼で使用される祭祀遺物である。正直古墳群にみられる石製模造品を使用した葬送儀礼は、祭祀遺跡を代表する建鉾山祭祀遺跡での動向とも深くかかわっていたことは間違いないだろう。

遺跡名	所在地	石製模造品ほか								
		刀子	斧	鎌	他	剣	円板	鏡	勾玉	臼玉
八幡山	山形県尾花沢市	4	5	4		26	134	4	5	
建鉾山	福島県白河市	29	26	11	釧1	569	518	27	24	278
入山峠	群馬県松井田町 長野県軽井沢町	3				207	57	1	7	268
神坂峠	長野県阿智村	15	1	1		310	69	4	27	903

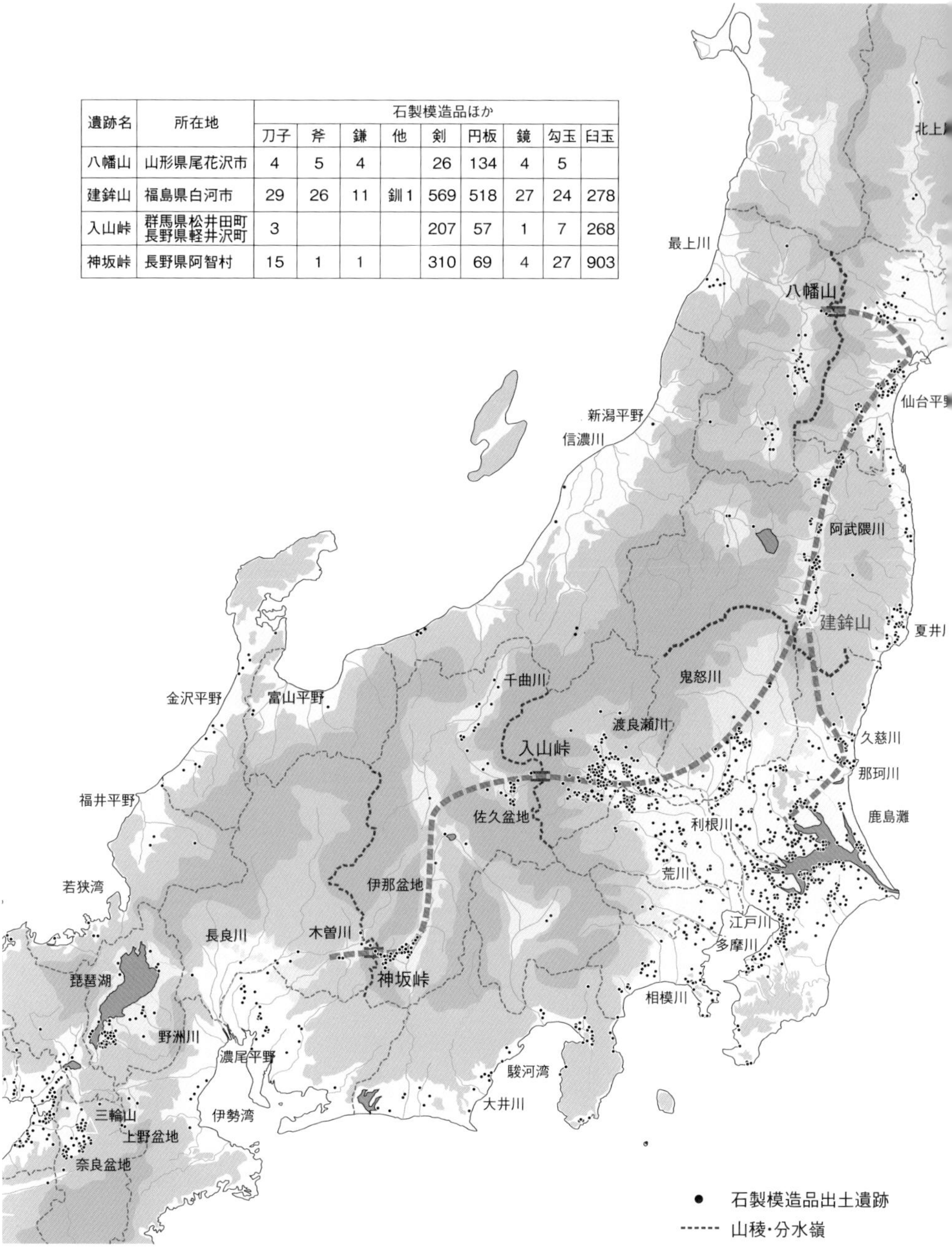

図61 ● 東北地方南部への石製模造品を使用した祭祀の導入経路
建鉾山・八幡山・神坂峠・入山峠祭祀遺跡は、いずれも山稜や分水嶺などの障壁近くにあり、障壁により分断される両側の地域をつなぐ交通路上の要所に位置する。

第5章　正直古墳群の意義

1　下位首長層の墳墓

大型古墳空白期のなかの正直古墳群

首長墓と想定される大型古墳を中心にその墳形や埴輪・副葬品などの視点から、東北地方南部における五世紀代の古墳研究は活発におこなわれ、変遷案も積極的に論じられている。そして、この地域では五世紀前葉に中規模以上の前方後円（方）墳の空白期があり、五世紀中葉になって再び前方後円墳が築造されるということがわかってきた。

正直古墳群の各支群における最大規模の古墳は、その規模や農工具形石製模造品の出土などから首長墳であったと想定した。では、具体的にはどのような被葬者像が想定されるだろう。

正直古墳群の調査指導にあたった東北大学の藤澤敦によれば、古墳時代における地域社会の基本的な単位は、日常的な農業生産の場で共同作業をおこなう際の単位であり、そうした共同体の代表者を「下位首長層」とよび、小規模墳に埋葬されたとする。正直古墳群に埋葬された人物は、そうした共同体の首長、あるいはその近親者と考えられる。

古墳時代のネットワークのなかでは、そのような下位首長層の枠を越え、それらのいくつかの地域社会をまとめて代表者となる上位首長層が必要であった。そうした地域の共同体を束ねる人物の墳墓が、大安場一号墳である。しかし、正直古墳群の主体となる古墳時代中期には、付近に大型古墳の存在は確認されておらず、上位首長層の姿はみられない。

正直古墳群では四世紀中～後葉の三五号墳にはじまり、四世紀末～五世紀初頭の二一号墳、五世紀前半の二七号墳、さらに五世紀後半の二三号墳、三〇号墳が築造される。これらの古墳は墳形・規模・出土遺物の特徴から、一般的には小規模首長墳として把握される。正直古墳群では小規模ながら継続して首長墳が築造されていることは、東北地方南部における五世紀前葉の大型古墳の空白期を考えるうえで重要である。下位首長層は継続するが、上位首長層がいないということは、より広い範囲を対象としての政治的要因を考えなければならないからだ。

大型円墳への転換と密集する小規模円墳

正直古墳群において、前方後方墳から円墳への転換となる最初の二一号墳は、古墳群中最大規模を誇るとともに、埴輪の樹立が唯一確認されている古墳である。ここに一つの画期がみえる。そして、つづく二七号墳なども含め、三、四基からなる支群が先行して築造され、古い支群ほど古墳間の規模に差がみられ、新しい支群ほどその差が少なくなる傾向もみられる。一方、二〇基弱の小規模円墳が密集する状態の支群Hは、時期の新しい五世紀後半に築造が開始される古墳群であって、支群A～Gとは性格の異なる支群と理解することができる。

こうした二一・二七号墳などの比較的大型の円墳について、密集する小規模円墳との相違を積極的に評価し、その性格づけを考えるとき、都出比呂志や和田晴吾の考察が参考となる。

都出は、四〇〇年前後に大型円墳と帆立貝形古墳が急増することから、この時期に政治的変動があったとする。

和田は、豊富な副葬品をもつこともある中期の小型円墳や埴輪をもつ小型低方墳の築造は、古墳時代中期の政権や上位首長層が一部の有力な家長層を重要視し、それらへの対応を変化させたことが要因であるとする。

このように古墳時代中期の円墳は、この時期の変化を物語っているとする研究者は少なくない。正直古墳群内で、はじめて壺形埴輪をとり入れた二一号墳、あるいは石製模造品を使用した葬送儀礼を導入した二七号墳築造の契機は、こうした状況のなかでとらえられる。

では、支群Hの出現はどのように考えればよいだろう。その特徴は古墳間の規模にみられる階層差が少ないこと、出現期が五世紀後半と考えられることである。後述するように、この時期は新来の文物や技術が導入される一種の文明開化的な状況にあった。そうしたなかで、階層差が少ない有力家長層が多数出現し、新たに古墳に埋葬されるようになったと考えられる。

2　石製模造品と葬送儀礼

石製模造品の分布

正直古墳群の出土遺物をみると、もっとも大きな特徴の一つは、石製模造品を使用した葬送儀礼が継続しておこなわれた点である。

石製模造品の出土した古墳の分布は、東日本では群馬県西部・千葉県の東京湾沿岸と霞ヶ浦南岸に集中する。そして大和盆地を中心とする近畿地方中央部の集中も明確である（図62）。葬送儀礼における石製模造品は、刀子形・斧形・鎌形といった農工具のセットが基本となる。

一方、西日本では九州地方北部を中心に古墳から石製模造品が出土する事例はあるが、その内容は近畿地方や東日本に広がる基本セットとは異なり、刀子形などの農工具を含まず、剣形や有孔円板のみが出土する点に特色がある。

古墳群内で継続して農工具形の石製模造品が出土する事例は、近畿地方中央部では奈良県の佐紀盾列《さきたてなみ》古墳群や馬見古墳群、大阪府の古市古墳群が知られる。関東地方では千葉県の多古台《たこだい》古墳群や、群馬県八幡《やわた》台地の剣崎天神山《けんざきてんじんやま》・剣崎長瀞西《けんざきながとろにし》古墳、あるいは東京都の野毛《のげ》古墳群などが知られる。石製模造品が出土する古墳は数多く存在するものの、農工具形の石製模造品が古墳群内で継続して出土する事例は少ない。この点からも、正直古墳群の重要性が理解される。

また、正直古墳群で確認された刀子形の形態変化は、その導入段階において定型的であったものが時間の推移とともに変容する様子を示すものであり、石製模造品が地域に展開する際の

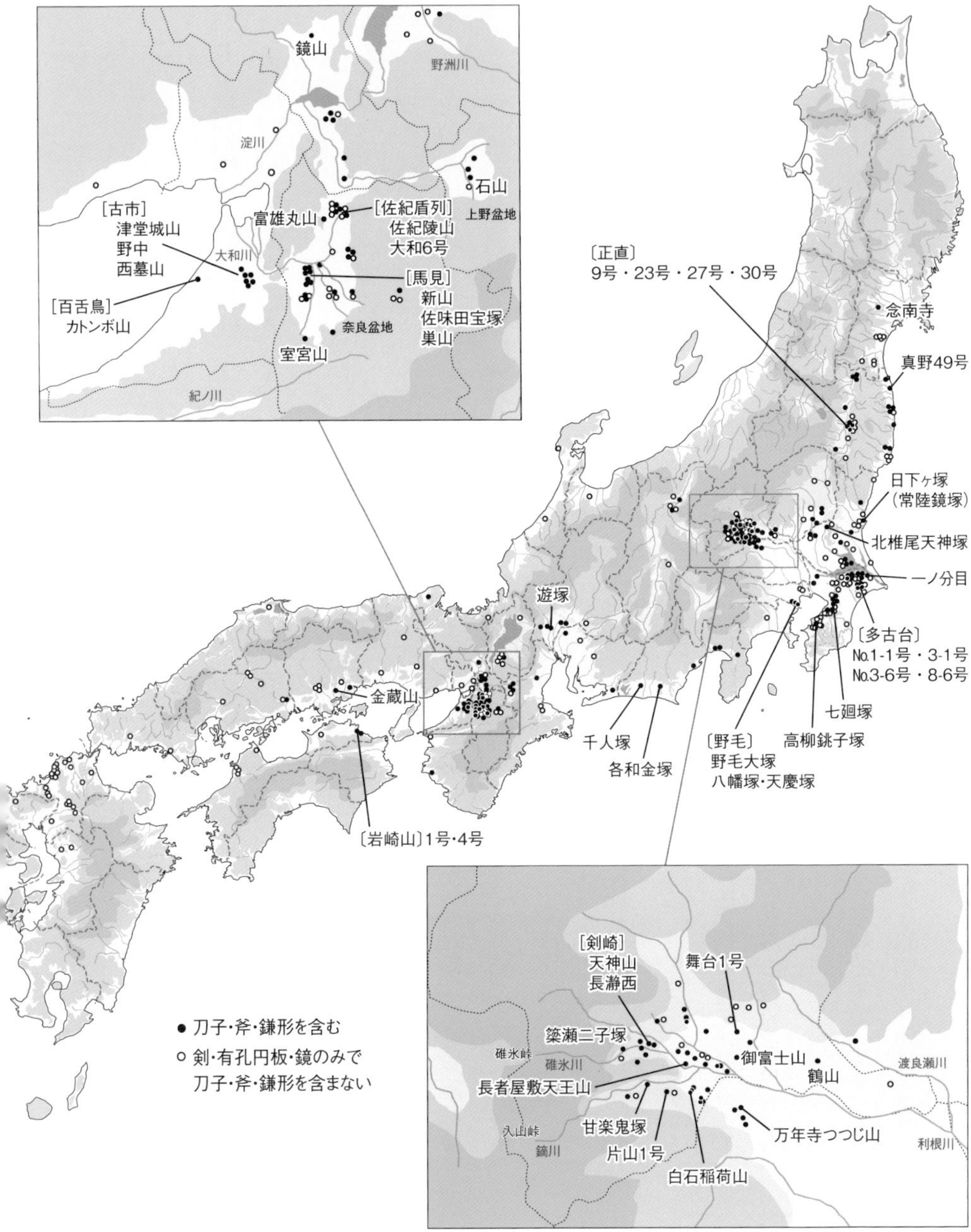

図62 ● 石製模造品出土古墳の分布

群馬県の西部・千葉県の東京湾沿岸と霞ヶ浦南岸、そして大和盆地を中心とする近畿地方中央部に集中する。近畿地方から東日本では刀子・斧・鎌形の農工具形を含む組成が中心であるが、九州や中国・四国地方の古墳では農工具形の出土は少ない。

具体的な過程をあらわすものとしても貴重な事例であることはいうまでもない。

上位首長層との関係

先に述べたように、五世紀に正直古墳群の周囲に大型古墳は確認されていない。では、この地域の上位首長層をどのように考えればよいのであろうか。この問題について石製模造品の動向から読み解いてみよう。

筆者はこれまで、東日本有数の祭祀遺跡である建鉾山祭祀遺跡の石製模造品を検討し、関東地方と東北地方との関係性を追究してきた。その結果、福島県内では五世紀前半に、群馬県西部の影響を受けた石製模造品が多数存在し、五世紀中葉から後半には、阿武隈川流域と栃木県で形態的特徴の共通する農工具形石製模造品がみられることを明らかにした（図63）。

石製模造品から導かれるこうした二つの様相は、たんなる遺物の共通性にとどまらず、上位首長層の動向と相関関係にあることがわかってきた。

まず五世紀前半に関する事象として、群馬県太田市にある東日本最大の前方後円墳、太田天《おおたてん》神山《じんやま》古墳（全長二一〇メートル）の成立があげられる。若狭徹は、太田天神山古墳の成立の背景には、上毛野《かみつけぬ》地域の東部（東毛）と西部（西毛）の両勢力による王の共立と、北関東―南東北のネットワークの成立という二つの作用があった可能性が高いとする。

このうち北関東と南東北のネットワークについては、東北地方南部の首長層への影響力を有する北関東の首長の姿がみえ、その時期に東北地方南部に大型古墳がみられないことを考える

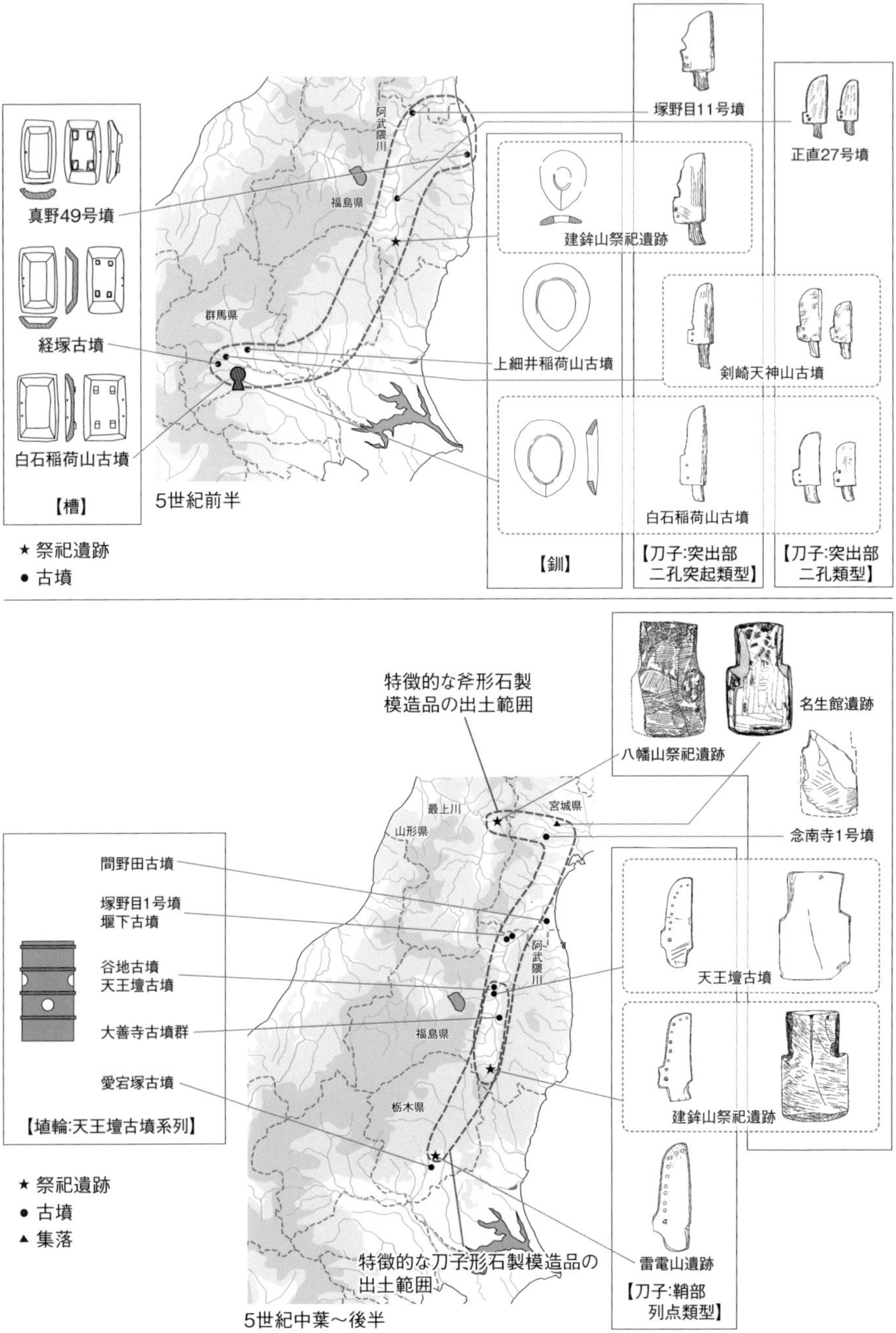

図63 ● 共通する石製模造品と埴輪
5世紀前半は、群馬県西部から影響を受けた石製模造品が出土。5世紀中葉～後半は、阿武隈川流域から栃木県にかけての地域で共通する石製模造品や埴輪が出土した。

うえでも、示唆に富むものといえよう。すなわち、五世紀前半の正直古墳群の首長たちは、北関東の上位首長層、とくに群馬県西部の首長層と深いつながりをもっていたと想定できる。

一方、五世紀中葉から後半になると、この関係に変化がみられる。それは、藤澤が「天王壇《てんのうだん》古墳系列」とする共通した円筒埴輪の存在である。この埴輪は、口縁部直下に突帯を有する特徴的な円筒埴輪で、福島県国見町の塚野目《つかのめ》一号墳（帆立貝形前方後円墳、全長六六〜六八メートル）、本宮市の天王壇古墳（造出付円墳、全長三八メートル）など、阿武隈川流域から栃木県南部の古墳で確認される。これは、この地域で共通する形態の石製模造品が出現する現象と強い関連性を示すものととらえられる。こうした葬送祭祀のネットワークで結ばれた首長層の存在から、五世紀後半には群馬県の首長層の影響が相対的に弱まった可能性がみてとれる。

3　正直古墳群の重要性

重視された内陸部ルート

石製模造品が出土する古墳や集落・祭祀遺跡の分布から、五世紀の東北地方南部では、群馬県西部からの影響をたぶんに受けたことを述べた。

亀田修一は東日本における渡来系文物の分布から「伊那谷《いなだに》―群馬西部―阿武隈川流域―仙台湾」というルートを示している。右島和夫も、渡来系集団が主導する馬匹生産の開始は「ヤマト王権が政策的意図」をもって進めたもので、近畿地方中央部から伊那谷そして上毛野という古東山道ルートが成立した可能性を説く。

このように文物の流入経路などから、とくに内陸部のルートは当時の王権から重視されたことが先行研究により指摘されてきた。

東北地方南部においてこうしたルートが本格化するのは五世紀でも後半と考えられているが、それは突然起こったものではなく、五世紀前半から継続的に生じた動きの累積によるものであった。

近畿地方中央部発祥の祭祀についても、東北地方南部では水辺の祭祀、方形区画での祭祀、そして石製模造品を使用した祭祀を随時とり入れている。さらには鍛冶に代表される新来の技術や新たな調理方法である竈など、当時の最先端の文物の導入がある（図64）。その背景に、五世紀前半の北関東、とくに群馬県西部の首長層の影響があると想定される。

正直古墳群のもつ意味

正直古墳群は、東北地方における大型古墳の空白期

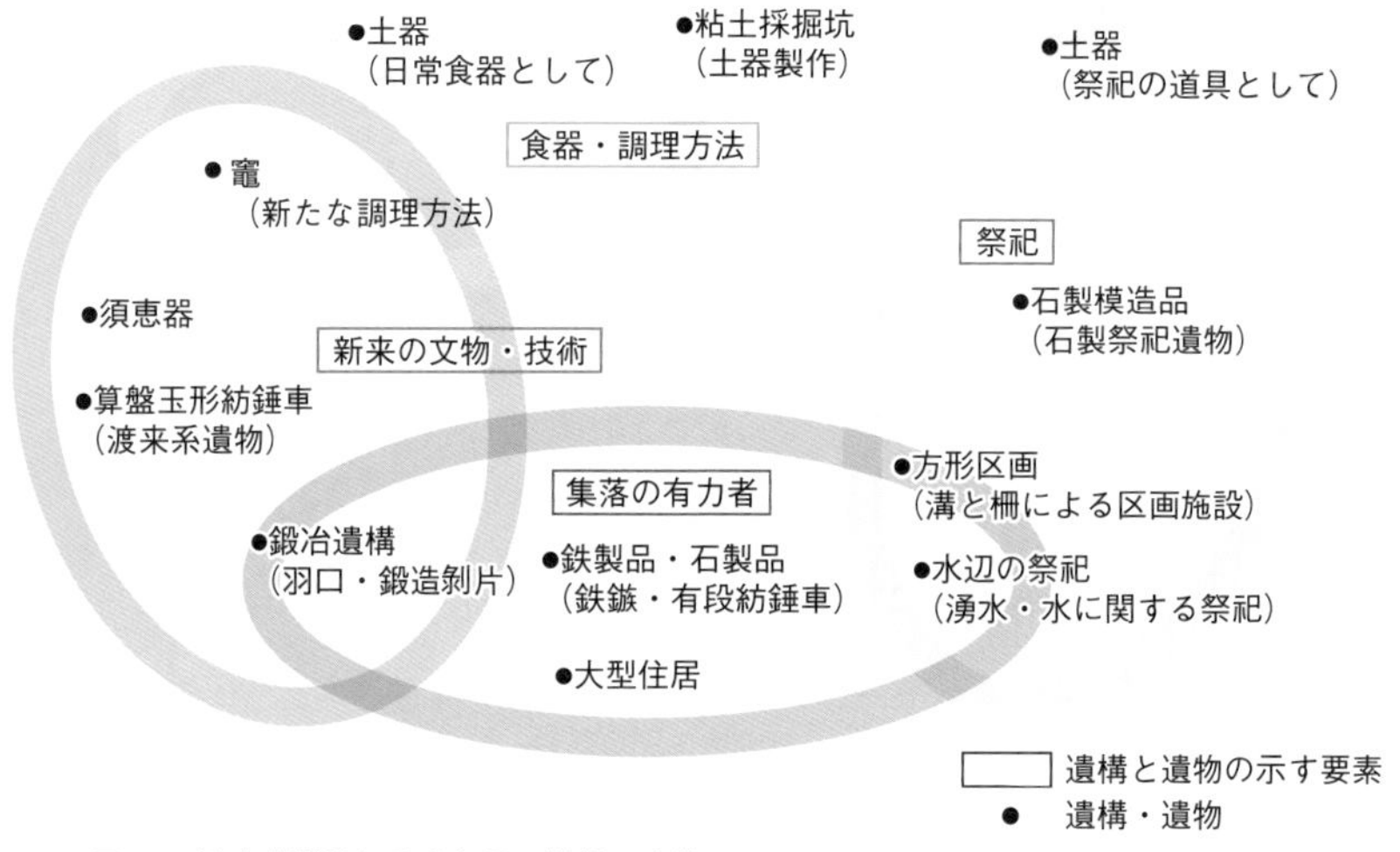

図64 ● 清水内遺跡にみられる5世紀の文物
石製模造品や水辺の祭祀遺構・方形区画をはじめとする祭祀、鍛冶遺構・須恵器に代表される新来の技術、竈の導入と連動する食器・調理方法の変化など、5世紀に地方へ拡散するさまざまな文物が確認されている。

とされる五世紀前葉も含め、四世紀中～後葉から五世紀末まで継続して古墳が築かれた、当該地域においては稀有な事例である。

大型前方後円墳などはなく、目立つ古墳群とはけっしていえない。しかし、首長あるいはその近親者は、箱式石棺や木棺、棺をおおう礫槨などさまざまな形態で埋葬されている。

正直二七号墳の被葬者は大型の石棺に葬られ、新たな葬送儀礼の道具である石製模造品が副葬された。石製模造品は刀子形や斧形とともに、他の地域の古墳に先んじるように剣形や有孔円板も副葬するなど独自性がみてとれる。そして、次代の首長たちは一度とり入れた石製模造品を使用する葬送儀礼を継続していった。

こうした特徴的なあり方は、ヤマト王権が創出した儀礼をとり入れながらも、独自性を発現しようとしたこの地の首長層の姿をあらわすものである。正直古墳群を中心とする郡山南東部の遺跡群の出現は、さらに北への影響力拡大をはかるヤマト王権、より直接的には上毛野の首長層の政策的な意図を反映したものであり、その拠点としての役割を担っていたこの地域の重要性が理解される。

正直古墳群は、開発を前提とする発掘調査により貴重な成果が得られるなかで、いくつかの古墳は姿を消した。しかし、その重要性から二〇一七年の正直二一号墳の調査以降、計画的な発掘調査が毎年おこなわれている。その目的は、古墳群のさらなる解明とともに史跡として整備することであり、わたしたちの前に保存・整備された古墳群が姿をあらわす日も、そう遠くはないであろう。

参考文献

大場磐雄　一九六九「総括」『神坂峠』阿智村教育委員会
亀井正道　一九六六『建鉾山』吉川弘文館
亀田修一　二〇〇三「陸奥の渡来人（予察）」『古墳時代東国における渡来系文化の受容と展開』専修大学文学部
佐久間正明　二〇二一『東北地方における古墳時代中期の集落・清水内遺跡』大安場史跡公園
笹生　衛　二〇一六『神と死者の考古学　古代のまつりと信仰』吉川弘文館
笹生　衛　二〇一九「「中臣寿詞」の「天つ水」再考―「水の祭儀」論の再検討―」『國學院雑誌』一二〇―一一
白石太一郎　一九八五「神まつりと古墳の祭祀―古墳出土の石製模造品を中心として―」『国立歴史民俗博物館研究報告』七　国立歴史民俗博物館
椙山林継　一九七二「葬と祭の分化―石製模造遺物を中心として―」『國學院大學日本文化研究所紀要』二九　國學院大學日本文化研究所
椙山林継　一九八三「総括」『入山峠』軽井沢町教育委員会
杉山秀宏　一九八八「古墳時代の鉄鏃について」『橿原考古学研究所論集』八　奈良県立橿原考古学研究所
都出比呂志　一九九二「墳丘の型式」『古墳時代の研究』七　雄山閣
寺沢知子　一九九〇「石製模造品の出現」『古代』九〇　早稲田大学考古学会
中井正幸　一九九三「古墳出土の石製祭器―滑石製農工具を中心として―」『考古学雑誌』七九―二　日本考古学会
藤澤　敦　二〇〇二「東北地方の円筒埴輪―窖窯焼成埴輪の波及と生産―」『埴輪研究会誌』六　埴輪研究会
藤澤　敦　二〇一二「⑩東北　３地域の展開」『古墳時代の考古学』二　同成社
穂積裕昌　二〇一二『古墳時代の喪葬と祭祀』雄山閣
右島和夫　二〇〇八「古墳時代における畿内と東国―五世紀後半における古東山道ルートの成立とその背景―」『研究紀要』一三　由良大和古墳文化研究協会
右島和夫　二〇一九「古墳時代における古東山道の成立と馬」・「総論　群馬発「馬の考古学」」『馬の考古学』雄山閣
山田俊輔　二〇一六「鹿角製刀剣装具の系列」『日本考古学』四二　日本考古学協会
若狭　徹　二〇一一「中期の上毛野」・「上毛野における五世紀の渡来人集団」『古墳時代毛野の実像』季刊考古学別冊一七　雄山閣
若狭　徹　二〇二一『古墳時代東国の地域経営』吉川弘文館
和田晴吾　一九九二「群集墳と終末期古墳」『新版古代の日本』五・近畿Ⅰ　角川書店

正直古墳群

・福島県郡山市田村町正直
・谷田川をはさんで大安場史跡公園から徒歩30分

古墳時代前期から中期の古墳群で、これまで四三基の古墳が確認されている。削平を受けた古墳もあるが、前方後方墳の三五号墳など、学術調査がなされた古墳を中心に現在もその姿をみることができる。二七号墳から出土した石製模造品や鹿角装具などの副葬品は、大安場史跡公園ガイダンス施設に展示されている。

正直 35 号墳

大安場史跡公園ガイダンス施設

・郡山市田村町大善寺字大安場160
・電話　024（965）1088
・開館時間　9：00～17：00（入館は16：30まで）
・休館日　毎週月曜日（祝日の場合は翌日）、12月28日～1月4日、公園の休園日はなし
・入館料　無料
・交通　郡山駅前バス乗り場2番ポールから「東山霊園」「蓬田」行き、「金屋」下車徒歩20分。車で郡山ICから国道49号線をいわき方面40分

旧石器時代から古墳時代まで、郡山市で発掘された遺物が展示され、火起こしなどさまざまな体験学習もできる。

大安場史跡公園

ガイダンス施設常設展示室

遺跡には感動がある

――シリーズ「遺跡を学ぶ」刊行にあたって――

「遺跡には感動がある」。これが本企画のキーワードです。

あらためていうまでもなく、専門の研究者にとっては遺跡の発掘こそ考古学の基礎をなす基本的な手段です。また、はじめて考古学を学ぶ若い学生や一般の人びとにとって「遺跡は教室」です。

日本考古学では、もうかなり長期間にわたって、発掘・発見ブームが続いています。そして、毎年厖大な数の発掘調査報告書が、主として開発のための事前発掘を担当する埋蔵文化財行政機関や地方自治体などによって刊行されています。そこには専門研究者でさえ完全には把握できないほどの情報や記録が満ちあふれています。しかし、その遺跡の発掘によってどんな学問的成果が得られたのか、その遺跡やそこから出た文化財が古い時代の歴史を知るためにいかなる意義をもつのかなどといった点を、莫大な記述・記録の中から読みとることははなはだ困難です。ましてや、考古学に関心をもつ一般の社会人にとっては、刊行部数が少なく、数があっても高価なその報告書を手にすることすら、ほとんど困難といってよい状況です。

いま日本考古学は過多ともいえる資料と情報量の中で、考古学とはどんな学問か、また遺跡の発掘から何を求め、何を明らかにすべきかといった「哲学」と「指針」が必要な時期にいたっていると認識します。

本企画は「遺跡には感動がある」をキーワードとして、発掘の原点から考古学の本質を問い続ける試みとして、日本考古学が存続する限り、永く継続すべき企画と決意しています。いまや、考古学にすべての人びとの感動を引きつけることが、日本考古学の存立基盤を固めるために、欠かせない努力目標の一つです。必ずや研究者のみならず、多くの市民の共感をいただけるものと信じて疑いません。

二〇〇四年一月

戸沢　充則

著者紹介

佐久間正明（さくま・まさあき）

1968年、福島県郡山市生まれ。
明治大学文学部卒業、東北大学大学院修了。博士（文学）
現在、郡山市文化・学び振興公社勤務。
主な著書　「福島県における5世紀代古墳群の研究—石製模造品を通した正直古墳群の分析を中心に—」『古代』第117号（早稲田大学考古学会、2004）、「東国における石製模造品の展開—刀子形の製作を中心に—」『日本考古学』第27号（日本考古学協会、2009）、『石製模造品から見た古墳時代の葬送と祭祀』（東北大学博士論文、2017）。

写真提供（所蔵）
郡山市・郡山市教育委員会：図1・2・4・6〜16・18・20・22・24〜31・34〜39・42 〜50・52・53／福島県文化財センター白河館：図32／八尾市：図41／國學院大學博物館：図56・58／白河市：図57・59

図版出典・参考（一部改変）
図2：国土地理院ウェブサイト　地理院タイル「自分で作る色別標高図」と「陰影起伏図」を加工して作成／図21：郡山市教育委員会・郡山市文化・学び振興公社2019『正直古墳群—第2次発掘調査報告—』／図23：郡山市教育委員会・郡山市文化・学び振興公社2022『正直古墳群—第4次発掘調査報告—』／図25：福島県1964『福島県史』第6巻・資料編1・考古資料／図26：郡山市教育委員会1982『正直古墳群30・36号墳』／図34：郡山市教育委員会・郡山市埋蔵文化財発掘調査事業団1999『清水内遺跡—6・8・9区調査報告第1冊』／図46：郡山市教育委員会・郡山市埋蔵文化財発掘調査事業団2005『大安場古墳群—第6次発掘調査報告—』／図48：大安場史跡公園常設展示用データを改変／図17・21・23・32・35・37・40・44・45・51・60（復元想像図作画）：岩田哲

上記以外は著者

シリーズ「遺跡を学ぶ」161

石製模造品による葬送と祭祀　正直《しょうじき》古墳群

2023年 2月 15日　第1版第1刷発行

著　者＝佐久間正明
発　行＝新 泉 社
東京都文京区湯島1−2−5　聖堂前ビル
TEL 03（5296）9620 ／ FAX 03（5296）9621
印刷／三秀舎　製本／榎本製本

ISBN978-4-7877-2331-4　C1021

新泉社

シリーズ「遺跡を学ぶ」

003
古墳時代の地域社会復元　三ツ寺1遺跡
若狭　徹　1500円+税
群馬県南西部には、榛名山の噴火によって五世紀の首長の館跡を中心に、古墳・水田経営の跡・農民の住居などがそのまま残されていた。当時の地域社会の全体像を復元する。

016
鉄剣銘一一五文字の謎に迫る　埼玉古墳群
高橋一夫　1500円+税
埼玉稲荷山古墳出土の鉄剣から一一五文字の銘文が発見された。鉄剣を授かったのは誰か、ワカタケルとは誰か。埼玉古墳群をつくった武蔵国造一族の盛衰を論じ核心に迫る。

029
東北古墳研究の原点　会津大塚山古墳
辻　秀人　1500円+税
三角縁神獣鏡が出土した日本列島最北端の大型前方後円墳・会津大塚山古墳は、古墳時代のはじまりの頃、東北に有力な首長が登場したことを語る。北の古墳時代社会の成立過程を追究。

063
東国大豪族の威勢　大室古墳群〔群馬〕
前原　豊　1500円+税
六世紀、赤城山南麓に三代にわたってつくられた大型前方後円墳の副葬品のなかに、朝鮮半島とのつながりがみられる小像のついた筒形器台があった。東国豪族の勢力を明らかにする。

119
東アジアに翔る上毛野の首長　綿貫観音山古墳
大塚初重・梅澤重昭　1600円+税
群馬県綿貫観音山古墳から出土した華麗な副葬品は、韓国武寧王陵出土鏡と同形鏡など、東アジアとの活発な交流を見せる。五～六世紀に国際情勢に通じ、活躍した被葬者の実像を語る。

156
北陸の古墳時代をさぐる　能美古墳群
菅原雄一　1600円+税
日本海に面した石川県の平野部につくられた古墳群。五つの独立丘陵上には、さまざまな形と大きさの墳丘がつくられた。豊富な副葬品から北陸の古墳時代史、倭王権との関係をさぐる。